나는 좋은 부모인가

지은이 서동석

고려대학교에서 〈에머슨의 중립성 추구: 삶의 양극적 모순에 관한 생태적 통찰〉
로 박사학위를 받았고, 20여 년간 에머슨을 연구했다. 에머슨의 중심 사상인 조화
와 균형이 수행의 핵심 원리인 중도와 통하고, 무엇보다 에머슨이 추구하는 진실
한 삶이 건강은 물론이고 인간사 모든 경영의 최고 방법이라는 사실을 깨닫고, 현
재 동서양을 아우르는 중도의 방법으로 인문학, 건강, 그리고 균형과 조화의 삶을
연구하며 저술 및 강의를 하고 있다. 지은 책으로『삶의 만족은 어디에서 오는가』
『에머슨, 조화와 균형의 삶』등이 있으며, 옮긴 책으로『자연』이 있다.

나는 좋은 부모인가

지은이   서동석

이 책의 편집과 교정은 양은희, 디자인은 노영현, 제작은 꽃피는청춘 임형준,
종이는 대현지류 이병로가 진행해 주셨습니다. 이 책의 성공적인 발행을 위해
애써주신 다른 모든 분들께도 감사드립니다. 틔움출판의 발행인은 장인형입
니다.

초판 1쇄 인쇄 2015년 3월 5일
초판 1쇄 발행 2015년 3월 16일

펴낸 곳   틔움출판
출판등록   제313-2010-141호
주소   서울특별시 마포구 월드컵북로4길 77, 3층
전화   02-6409-9585
팩스   0505-508-0248
홈페이지   www.tiumbooks.com   www.facebook.com/tiumbooks

ISBN 978-89-98171-20-9 03370

틔움은 책을 사랑하는 독자, 콘텐츠 창조자, 제작과 유통에 참여하고 있는 모든 파트너들과 함께 성장합니다.

나는
좋은 부모인가

자립심 강하고 창의적인 인재로 키우는 에머슨의 교육철학

서동석 지음

티움

나는 좋은 부모인가?

일제강점기와 한국전쟁의 폐허 속에서 우리는 새로운 대한민국을 건설하기 위해 '빨리빨리' 경제를 재건해야 했다. 그 과정에서 우리에게 어울리지 않는 외국식 교육을 무분별하게 받아들였다. 우리는 상당히 빠른 시간 안에 놀라운 경제 성장을 이루었지만, 그 피해도 만만치 않다.

우리의 전통 미풍양속은 빠르게 사라졌고, 그 자리에 외국의 저속한 대중문화가 자리 잡았다. 사회의 조화와 균형이 상당히 무너졌다. 이제 조급한 마음을 조금 내려놓고 사회의 균형을 회복할 때다. 다시 한 번 도약하기 위해서는 사회 각 분야에서 균형을 잡기 위한 노력이 이루어져야 한다. 무엇보다 근본적인 변화는 역시 교육에서 시작돼야 할 것이다.

우리의 '느린 문화'가 서구의 빠른 문화로 변화하는 과정에서 우리의 전통적인 생체 리듬과 행동 양식에 맞지 않는 서구식 문화가 우리의 정신문화를 대체했다. 우리의 정신이 결여된 서구식 문화의 피해를 사회 곳곳에서 느낄 수 있다. 무엇보다 교육에서 우리 아이들의 몸과 마음에 맞는 주체적인 교육철학도, 교육 방식도 확립하지 못했고, 아직도 외국의 교육 방식을 이것저것 수입해서 실험 중인 실정이다. 이제 그 피해를 막기 위해서라도 교육 자립을 이룩할 때가 되었다.

그런 의미에서 에머슨Ralph Waldo Emerson의 교육철학을 소개하는 것은 매우 의미 있는 일이다. 에머슨이 살던 19세기 미국과 우리가 살고 있는 대한민국의 현실은 크게 다르지만 상황은 비슷하다.

진정한 독립은 정치와 경제의 독립뿐만 아니라 문화의 독립으로 가능하다. 에머슨은 미국 최초의 대중 강연가로서 전국을 돌며 미국의 지적 독립을 주장했다. 에머슨 교육철학의 핵심은 자립정신에 있다. 에머슨은 자립의 바탕 위에 미국적인 내면의 진실을 구현하여 새로운 미국 문화를 창조하는 것이 진정한 천재라고 주장

했다. 현대에 들어서도 에머슨의 자립정신은 미국의 많은 정치·경제 지도자들에게 깊은 영향을 주었다. 자립정신은 미국의 새로운 정신문화가 되었다. 특히 미국에 자수성가한 사람들이 많은 것은 이러한 자립정신과 무관하지 않다. 예를 들어 워런 버핏, 스티브 잡스, 버락 오바마 등은 에머슨의 자립정신에 많은 영향을 받은 사람들이다.

현재 우리는 단일 민족이라는 말이 무색할 정도로 다문화 사회에 살고 있다. 동서양의 이질적인 문화와 가치들이 서로 충돌하며 새로운 문화와 가치로 융합되고 있다. 이 과정에서 세대 간, 좌우 이념 간 갈등도 심하다. 시대를 아우르고 갈등을 해소할 수 있는 균형감 있는 인재가 절실히 필요하다.

먼저 우리 문화의 전통 속에 있는 좋은 문화와 사상을 현대적으로 재해석하는 것이 필요하다. 우리 민족이 살아남기 위해서는 전통문화를 바탕으로 다양한 세계 문화와 교류해야 한다. 무엇보다 변화의 기류에 맞춰 대한민국의 독자적인 문화를 끊임없이 창조하기 위해서는 자립정신을 지닌 창조적인 인재를 길러내야 하겠다.

대한민국이 개발도상국일 때는 선진 문물을 빠르게 모방하기 위해 단순 암기형 천재가 필요했다. 이때의 영재 학습이라는 것은 사실 선행학습과 다르지 않았다. 그러나 이제 선진국에 진입해서 세계를 선도하고 동시에 세계 공동체의 행복을 구현하기 위해서는 창조적이고 균형감 있는 인재가 필요하다. 균형 잡힌 인재를 양성하기 위해서는 창의력과 인성을 두루 갖춘 건강한 인재 교육이 선행되어야겠다. 또한 세계의 빠른 변화에 능동적으로 대처하기 위해서는 지혜로운 인재가 절실하다. 자립, 건강, 창의, 조화와 균형, 그리고 진실한 지혜가 이 시대 교육의 키워드다.

이 책은 에머슨의 핵심적인 글을 짧게 인용하여 그 교육적 의미를 해설하고 있다. 그리고 에머슨의 생활철학과 교육철학을 생명의 원리에 입각해서 새롭게 재해석했다. 생명 현상의 원리는 건강, 교육, 생활, 사업 등 모든 인간사의 원리이기도 하다. 부모가 자식을 잘 가르치기 위해서는 무엇보다 아이의 생체 리듬과 나아가 개별 생명이 구성하는 생명 공동체에 대한 이해가 필수적이다. 또한 아이들을 바르게 교육하기 위해서는 가정, 학교, 그리고 사회의 모든 사람들의 협력이 필요하다.

이 책은 심신 균형이라는 측면에서 창의, 인성, 그리고 건강이 조화와 균형을 이룬 인재를 양성하기 위해 기획됐다. 그러나 자녀를 바르게 교육하기 위해서는 부모가 먼저 바른 교육관과 건강한 생활 습관을 갖고 있어야 한다. 부모의 습관이 그대로 아이에게 전해지기 때문이다. 그런 면에서 이 책은 부모를 위한 교육 지침서다. 이 책은 아이 교육에 관한 통합적인 원리와 기본적인 방법을 제시하고 있다. 부모가 바로 서야 아이가 바로 설 수 있다. 이 책을 통해서 모든 부모가 건강하고 바른 교육의 지혜를 얻기 바란다.

2015년 2월

서 동 석

차례

일러두기

이 책은 에머슨 전집인 『The Complete Works of Ralph Waldo Emerson』
(edited by Edward Waldo Emerson. 12 vols. Boston: Houghton Mifflin,
1903-1904)과 에머슨의 일기인 『The Journals and Miscellaneous
Notebooks of Ralph Waldo Emerson』 (edited by William H. Gilman et al. 16
vols. Cambridge, Mass.: Harvard University Press, 1960-1982)에서 교육철
학에 관한 주요 글을 인용했다.

자
립

I

다른 나라에 의존하며
오랫동안 그들의 학문을 배우던 시대는
이제 막을 내리고 있다.

Our day of dependence,
our long apprenticeship to the learning of other lands,
draws to a close.

⋮ 가장 훌륭한 교육은 우리의 것에서 비롯된다

에머슨이 주로 활동하던 19세기는 미국의 문예부흥기였다. 미국의 문예부흥에 가장 영향을 끼친 사상이 초절주의transcendentalism다. 그 사상의 중심에 에머슨이 있다. 동서양의 정신을 통합한 에머슨의 초절주의는 새로운 미국을 알리는 신호탄이었다. 에머슨의 자립정신은 미국의 문화적 자립으로 이어지고 있다. 에머슨은 단순히 유럽을 모방하는 교육과 문화에서 벗어나 미국적인 목소리를 내라고 젊은이들을 독려했다.

비록 에머슨은 미국의 대표적인 명문인 하버드 대학을 나왔지만 유럽 교육의 방식과 내용을 답습하는 당시의 대학 교육에 실망하지 않을 수 없었다. 에머슨은 교육의 문제에 대한 해답을 멀리서 찾지 않고 바로 자기 자신 안에서 찾았다. 미국이 안고 있는 문제의 해답은 바로 미국에 있다고 성찰했다. 그 당시 미국의 많은 엘리트들이 유럽, 특히 영국에서 공부하고 돌아와 그 문화를 그대로 가져왔지만 미국의 정신이 빠진 문화는 미국의 진정한 발전에 도움이 되지 않았다.

우리도 그동안 우리 자신에게 있는 소중한 문화유산과 전통적인 교육 방식을 버리고 몸에 맞지 않는 교육 방식과 내용을 받아들이면서 겉으로는 많은 발전을 이루었지만 내면적으로 정신의 공허함을 달랠 수 없는 상황이다. 무분별한 유학은 부모와 자식 간에, 신구 세대 간에 갈등만을 양산하고 있는 실정이다. 이제는 우리도 교육에 대한 철학을 바꿔야 한다. 더 이상 우리 아이들의 몸에 맞지 않는 외국의 교육 시스템을 실험할 것이 아니라, 우리 전통문화 속에 있는 귀중한 문화유산과 동서양 문화를 융합하여 한국만의 독자적인 정신문화를 가르치는 교육철학이 필요하다.

우리는 아이에게 우리와 같은 어른이 되라고 가르친다.
우리는 아이가 할 수 있는 모든 것을 꿈꾸라고 가르치지 않는다.

We teach boys to be such men as we are.
We do not teach them to aspire to be all they can.

⦂ 자신만의 꿈과 포부를 갖게 하라

대개 부모는 스스로 못다 한 꿈을 자식이 이루기를 바란다. 하지만 그것은 부모의 꿈이지, 자식의 꿈은 아니다. 또한 자식이 어려서는 무엇이든 뒷바라지해줄 것 같은 부모도 점점 현실에 타협하게 된다. 결국 부모는 자식을 자신들과 같은 어른으로 가르치고 키운다.

부모가 자식의 포부를 살려주기 위해서는 먼저 부모가 깨어 있어야 한다. 비록 부모는 현실에 순응해서 살 수밖에 없을지라도,

자식이 스스로의 길을 갈 수 있도록 격려하고 힘과 용기를 북돋아 줄 수 있다.

아이는 꿈을 먹고 산다. 부모가 아이에게 재산과 지위는 남겨줄 수 없더라도, 아이가 스스로 설 수 있는 자립심은 길러줄 수 있다. 자립정신을 바탕으로 꿈과 포부를 가져야 바람직하다. 누구도 자신을 대신할 수 없기 때문에 자립이 없는 꿈과 포부는 허망하다.

우리 모두는 시대의 수수께끼를 풀
자신만의 해결 방법을 갖고 있다.

The riddle of the age has for each a private solution.

⁝ 자신만의 문제 해결 방식을 존중하라

사람들은 모두 각각의 체형과 체질, 그리고 성향을 갖고 있어, 각자 자신에게 맞는 인생이 존재하기 마련이다. 그래서 자신에게 닥친 문제의 답 또한 자신에게 있다. 우리 모두는 같은 하늘 아래 살지만 각자는 자신의 관념이 만든 별개의 세상에 살고 있다. 따라서 우리는 각자 세상의 수수께끼를 풀 수 있는 자신만의 열쇠를 갖고 있다.

동시대의 아이들은 비슷한 환경에서 자라기 때문에 유사한 성향을 보이지만, 개인적으로는 다양한 차이가 존재한다. 따라서 각자의 인성, 건강, 지적 능력 등을 모두 고려하여 아이에게 가장 적합한 교육을 제공하는 것이 바람직하다. 마치 사람마다 건강의 조건이 다르고 건강 유지 방법이 다른 것과 같다.

그러나 학교에서 모든 아이를 다르게 가르칠 수는 없다. 사회가 구현해야 할 전체적인 통일성 때문이다. 따라서 부모는 아이가 스스로 문제를 해결할 수 있도록 충분히 기다리며 각 개인이 추구하는 다양성의 조화와 균형을 위해 노력해야 한다.

4

나 자신이 되어야 한다.

I must be myself.

⋮ 자신의 적성과 잠재능력을 개발하게 하라

자신은 자신 이외의 누구도 될 수 없다. 아이가 스스로 원하는 사람이 되기 위해서는 부모의 역할이 중요하다. 부모는 아이가 자신의 자질, 적성, 인성, 건강 등을 스스로 깨달을 수 있도록 도와주는 역할을 하는 것이 바람직하다. 섣불리 부모가 원하는 쪽으로 아이를 이끌어서는 곤란하다. 특히 초등학교 저학년까지의 교육에서는 이 점을 유의해야 한다.

비록 부모와 자식 간에는 비슷한 유전적 특성이 있지만, 아이는 아이만의 개성과 능력을 타고났다. 부모의 희망과 아이의 능력과 적성이 일치한다면 가장 이상적이다. 그러나 대부분의 경우에는 그렇지 않다. 부모가 할 수 있는 것은 아이가 자신의 능력에 맞는 길을 찾도록 인내심을 갖고 도와주는 것이다.

아이가 자신의 적성과 능력에 맞는 포부를 갖게 된다면 과도한 스트레스 없이 자신의 천부적인 잠재능력을 발휘할 수 있다. 자신의 적성과 잠재능력이 개발되면 스스로 성장할 수 있는 힘을 갖는다. 그렇지 않으면 마치 자신에게 맞지 않는 다른 사람의 옷을 입고 있는 것과 같다.

인간은 삶을 직접 그리고 똑바로 바라볼 수 있어야 한다.

A man should not be able to look other than
directly and forthright.

⁞ 냉철한 자기 성찰로부터 시작하게 하라

스스로 자립하여 자신의 삶을 살고자 한다면, 먼저 자신을 정확히 알아야 한다. 소크라테스는 "너 자신을 알라"라고 했다. 자기 자신을 모르고선 인생을 바르게 계획할 수 없다. 아이들이 크게 희망을 품게 해야 하지만, 그와 동시에 자신을 냉철히 판단하도록 인도해야 한다. 현실에 단단히 뿌리를 내리지 않은 꿈과 희망은 공허할 뿐이다. 우리는 한 개인의 비뚤어지고 지나친 욕심으로 인해 사회 전체가 큰 피해를 입는 경우를 종종 목격한다. 아이가 자신의 능력을 제대로 알고, 그 능력에 맞게 꿈을 키워가는 것은 아이와 사회의 미래를 위해 중요하다.

아이가 자신의 본성과 어울리지 않거나 자신의 능력을 넘어선 꿈을 꾼다면, 아이의 특성에 맞지 않는 비정상적인 교육 방법을 생각할 수밖에 없다. 그 과정에서 불필요한 경쟁으로 인해 부모와 아이 모두 인생을 허비하게 된다. 이런 아이가 많을수록 사회는 심리적으로나 경제적으로나 안정될 수 없다.

6

영혼은 결코 여행자가 아니다.

The soul is no traveller.

∶ 영혼은 모방을 원하지 않는다

자신을 자신 밖에서 찾을 수 없다. 천재는 자기 내면에서 번뜩이
는 빛을 찾아내는 사람이다. 우리의 영혼은 모든 것을 갖고 있다.
자신의 영혼을 찾아 밖을 헤매는 자는 타향에서 자기의 고향을 찾
는 것과 다름없다.

에머슨은 당시 미국이 영국으로부터 문화적으로 독립하지 못한
현실을 안타깝게 생각했다. 미국의 진짜 독립은 미국적인 것을 미
국 내에서 찾는 것이라 말했다. 그와 같은 이유에서 그는 무분별하

게 외국 문화를 받아들이거나 구체적인 연구 목적이 없는 유학을 반대했다. 또한 특별한 목적이 없는 필요 이상의 외국 여행도 반대했다.

조기 유학의 부작용은 이미 곳곳에서 드러나고 있다. 특히 견문을 넓힌다는 목적으로 어린아이들을 지나치게 끌고 다니며 구경시키는 것은 건강에도 좋지 않다. 어린아이들을 식물로 치면, 지상에 뿌리를 내리는 단계이기 때문에 조용한 온양溫養의 단계가 필요하다. 이때에 필요 이상의 여행과 조기 유학은 아이의 생명력을 손상시킬 우려가 있다. 영혼은 모방을 원하지 않는다. 모방은 자신의 영혼을 버리고 다른 영혼을 여행하는 것과 같다. 영혼은 자신의 내면의 목소리를 원한다. 에머슨은 말한다. "절대 모방하지 말고 창조하라."

세계가 통일성을 잃고 분열되어 쓰레기 더미에 싸여 있는 것은,
인간이 자신과 분열되었기 때문이다.

The reason why the world lacks unity, and lies broken and in
heaps, is, because man is disunited with himself.

본성을 찾게 하라

태초에 인간, 자연, 그리고 신은 하나였다. 그러나 인간은 자신
의 본성을 상실하고 분열되기 시작했다. 그 근본적인 이유는 인간
이 자신의 본성에 위배되는 삶을 사는 것이다.

우리는 소외와 분열로부터 자신을 찾아야 한다. 우리가 자신의
힘으로 바로 서기 위해서는 자기 내면의 소리를 듣고 양심에 따라
진실하게 행동해야 한다. 자립의 첫째 조건은 자신의 본성에 따르
는 것이다. 자신의 개성을 조화롭게 살리면, 스스로 정체성을 찾고

자립할 수 있는 근간이 마련된다.

아이의 개성을 바르게 길러주는 것은 아이의 본성을 찾는 데 도움이 된다. 그러나 아이가 어떤 개성을 갖고 있는지는 부모가 쉽게 알 수 없다. 따라서 아이가 하고 싶어 하는 것을 할 수 있도록 일정 부분 자유를 주고 주의 깊게 관찰할 필요가 있다. 그러나 위험하거나 중독성이 강한 것은 엄격히 자제시키는 것도 필요하다. 부모의 지나친 애정이나 반대로 지나친 방임은 아이가 개성을 찾는 데 방해가 된다.

인간은 이렇게 사물로, 많은 사물들로 변하고 있다.

Man is thus metamorphosed into a thing, into many things.

자립이 소외를 막는다

인간은 자신의 본성과 스스로 소외되면서 점차 물화物化되고 있다. 인간의 정체성은 사라지고 사회적 역할만 남는다. 자본주의 사회에서 현대인의 물화는 가속화되고 있다. 교육에도 이러한 경향은 예외가 아니다.

아이가 성장하면서 스스로 소외되는 가장 중요한 이유는 자신의 적성과 능력에 맞지 않는 학습 방법이나 활동, 진로 등을 강요당하거나 추구하는 것이다. 개성이 사라진 아이는 학습의 주체가 아니라 대상으로 전락하게 된다. 다양한 교육 프로그램과 방법들이 상업적 논리 속에서 아이와 부모를 교육 사업의 소비 대상으로 만들었다. 아이는 실험 대상이 아니다. 아이는 스스로 자신의 인성을 함양하고 능력을 발달시키는 주체가 돼야 한다. 소외당하지 않으려면 자립하는 길밖에 없다.

이 점에서 부모가 교육의 원리를 잘 이해하고 아이의 자립을 보조하는 방법을 적절하게 활용할 필요가 있다.

모든 외부의 지원을 떨쳐버리고 오로지 한 인간으로서
홀로 서는 자만이 굳세질 것이며, 인생에서 승리한다.

It is only as a man puts off all foreign support
and stands alone, that I see him to be strong and to prevail.

⋮ 자생력을 갖게 하라

세상은 적자생존의 야생의 자연과 다를 바가 없다. 이와 같은 무서운 세상 속에서 만약 홀로 서서 자립할 수 있는 강한 의지와 생명력을 갖고 있다면 두려울 것이 없다.

언젠가 아이는 정글과 같은 세상 속으로 홀로 나아가야 한다. 언제까지 아이를 품고 살 수는 없다. 요즘은 아이가 하나뿐인 가족이 많다. 그러다 보니 아이들은 온실 속 화초처럼 자라고 있다. 이런 아이들은 자생력을 갖기 힘들다. 아이를 넓게 그리고 멀리 사랑하

라. 아이의 미래를 위해서는 아이가 자생력을 갖도록 당근과 채찍을 적절히 구사해야 한다.

사랑으로 아이를 키워야 하지만, 지나친 사랑은 아이를 망치기도 한다. 사랑의 매가 필요하다. 아이의 인권을 위해서는 매는 신중하게 행사해야 한다. 중요한 것은 아이를 위한 교육적인 매와 일시적인 화풀이로서의 매는 분명히 다르다는 것이다. 그리고 아이는 유약하기 때문에 그 강도도 아이가 잘못을 깨닫게 할 정도면 충분하다. 지나친 매는 아이의 증오심만을 키울 뿐이다. 아이도 충분히 인지 능력이 있다는 사실을 잊지 말자.

10

자신이 가장 잘할 수 있는 것은 조물주 이외의 그 누구도 가르칠 수 없다.
그것이 무엇인지는 자신이 그것을 발휘할 때까지
누구도 알지 못하고, 알 수도 없다.

That which each can do best, none but his Maker can teach
him. No man yet knows what it is, nor can, till that person has
exhibited it.

⁝ 해봐야 안다

아이들은 각자 자신만의 천부적 능력을 갖고 있다. 자신의 천부적 능력을 아는 사람은 인생을 성공적으로 산다. 그러나 그것을 아는 시기는 사람마다 다르다. 따라서 부모가 아이의 능력을 섣부르게 판단하고 평가해서는 안 된다. 아이가 스스로 자신의 능력과 적성을 찾을 수 있도록 최선을 다해 보조하는 것이 가장 좋은 방법이다. 아이의 발달 정도에 맞게 건강, 창의, 인성, 그리고 감성과 지성의 자양분을 골고루 주는 것이 바람직하다.

좋은 환경이 주어지면 아이는 스스로 자신의 적성과 능력을 찾을 수 있다. 특히 아이가 10세가 될 때까지는 가능한 한 자유롭게 활동하게 두는 것이 아이의 건강과 성격 발달에 좋다. 이 시기에는 특정 학문을 가르치기보다는 생활 습관을 바르게 갖도록 지도해야 한다. 이를테면 공부보다는 바른 공부 습관이 중요한 것이다. 간혹 때 이른 천재가 있기도 하지만 그것은 극히 드물다. 너무 이르게 아이를 특정 분야의 천재로 만들고자 하는 것은 부모의 지나친 욕심이다. 그 욕심이 아이를 불행하게 만들 수 있다.

신사는 진실의 인간이자,
자기 행동의 주인이며,
자기 행위의 주권을 행사한다.

The gentleman is a man of truth,
lords of his own actions,
and expressing that lordship in his behavior.

⠿ 자립은 바로 신사 정신이다

스스로 자신의 의지대로 행동하는 사람은 자유롭다. 그러나 그 자유의지를 계속 유지하기는 쉽지 않다. 에머슨에게 신사는 진실이라는 측면에서 진정한 천재와 같은 인물형이다. 신사는 내면의 진실을 행동으로 실천하고 스스로 자립하는 사람이다. 신사 정신의 함양은 서양 교육의 최고 목표라고 할 수 있다.

삶의 진실을 구현한다는 점에서 신사 정신은 우리의 선비 정신과 유사하다. 자립하기 위해서는 먼저 진실해야 한다. 진실하지 않으면 자신의 행동에 책임을 질 수 없기 때문이다. 그런 다음 진실한 본성이 원하는 자신의 역할을 찾으면 된다. 아이가 진실하고 행동의 책임을 지며 자신의 역할을 스스로 찾는 자립정신을 갖는 것은 모든 교육의 이상이다.

교육에서 가장 중요한 덕목이 진실이다. 물질적 성공보다는 그 성공을 위한 진실한 노력이 중요하다. 과정을 무시하고 결과만을 중시하는 사회적 풍조는 아이의 진실한 자립에 방해가 된다. 자기 목소리를 낼 수 없는 사회에서는 창의적인 천재가 자립할 수 있는 기회를 찾기 힘들다. 아이가 자립할 수 있는 사회적 구조를 건전하게 만드는 것이 무엇보다 중요하다.

12

재산에 대한 의존은 자립의 부족을 의미한다.

[The] reliance on Property . . . is the want of self-reliance.

⋮ 물질에 지나치게 의존하게 하지 말라

에머슨은 재산에 대한 의존이 자립을 막는 근본 원인이라고 했다. 물질에 대한 지나친 집착은 인간의 정신을 나약하게 한다. 산업혁명 이후 분업과 대량 생산은 자급자족의 전통적인 생활 방식을 완전히 뒤바꾸었다. 물질문명의 발달로 인간의 삶은 편리해졌다. 그러나 분업으로 인간은 삶의 총체성을 상실하고 자주적으로 살아가는 힘을 잃었다.

지나친 물질적 편의로 아이를 키우는 것은 아이의 자립심 형성에 방해가 된다. 그렇지만 물질적 편의를 무조건 거부할 수는 없다. 에머슨은 물질과 정신의 조화와 균형을 촉구했다. 지나친 정신주의나 지나친 물질주의 모두 인간의 행복에 장애가 되기 때문이다. 정신과 물질이 서로 적절히 조화와 균형을 이룰 때 아이의 몸과 마음은 최적의 상태로 유지되고, 비로소 아이는 자립할 수 있는 건강한 힘을 얻게 된다.

13

불만은 자립의 부족이자,
의지의 박약이다.

Discontent is the want of self-reliance;
it is infirmity of will.

⠿ 자립은 행복의 근간이다

불만이 많은 아이는 스스로 해결할 능력이 상대적으로 부족하다. 스스로 어떻게 해야 할지를 모르는 상황을 불만으로 표출하는 것이다. 그러나 자립할 줄 아는 아이는 불만이 많지 않다. 스스로 불만을 해결하는 방법을 알기 때문이다. 또한 의지가 부족하면 해결 방법을 알아도 극복할 수 없는 난관에 부딪히기도 한다.

지혜와 의지가 동시에 필요한 이유다. 다른 사람에게 의존하는 행복은 일시적이기 때문에, 자립은 행복의 근간이다. 또한 강한 의

지는 불행을 이겨내는 원동력이다. 적절한 활동을 통해 아이가 자립할 수 있는 힘과 의지를 길러주자.

아이에게 가장 좋은 학습은 다양한 놀이다. 재미있는 놀이를 통해 다양한 역할을 해보면서 아이들은 리더십을 기를 수 있다. 예를 들어 아이들이 흔히 하는 소꿉놀이를 통해서도 미래의 엄마, 아빠로서 자신의 역할과 자립정신을 기를 수 있다. 부모는 다양한 놀이를 할 수 있는 터전을 마련해주면 된다. 부모가 할 수 없다면 친구, 이웃, 그리고 나아가 사회가 그 역할을 대신해 줄 수 있다.

14

아기는 누구에게도 순응하지 않는다.
모두가 아기에게 순응한다.

Infancy conforms to nobody;
all conform to it.

⋮ 비순응적 태도는 자립정신의 발현이다

세상의 이해관계에 눈뜨지 않은 어린 아기는 누구에게도 아부하지 않는다. 보통은 아기가 재롱떤다고 생각하지만, 실상 아기는 어른들의 재롱을 보며 웃는 것이다. 아기의 맑은 눈은 세속에 물들지 않았다. 아기는 기존의 가치 체계에 얽매이지 않고 느낀 대로 반응한다. 이러한 비순응적인 태도는 자연에 가까운 것이다. 또한 그것은 건강한 인간성의 태도이기도 하다.

어른이 돼가면서 우리는 어린이의 순수한 중립성을 상실한다.

철이 들자 노망이라는 말이 있다. 사실 어른이 갖는 세계관은 통상 자신만의 왜곡된 세계관이거나 어떤 특수한 이익집단의 가치 체계인 경우가 많다. 마음이 굳어지면 몸도 굳어지고, 결국 삶이 경직되어 소통이 불가능해진다. 특정한 관념이나 사회 체계에 일방적으로 순응하면서 오히려 자연의 순리에 역행하게 된다. 결국 총체적 인간성을 상실하며 건강한 삶을 잃는다. 개인의 본성에서 우러나오는 자연스러운 생각을 막고 주어진 가치 체계에 일방적으로 순응하게 된다면, 자립심과 천재성은 발현될 수 없다.

식사 시간을 분명히 알고, 마치 군주처럼 사람들의 환심을
사기 위해 어떤 행동을 하거나 말하는 것을 무시하는,
아이들의 냉담함이야말로 인간성에 대한 건강한 태도다.

The nonchalance of boys who are sure of a dinner, and would
disdain as much as a lord to do or say aught to conciliate one, is
the healthy attitude of human nature.

⋮ 동심과 통찰이 진실한 자립으로 이끈다

어른 눈에 아이들은 버릇이 없다. 그러나 아이들은 버릇이 없는
것이 아니라 자연이 부여한 생명 현상에 따라 자유분방하게 활동
하는 것이다. 아이들은 자연에 가깝다. 자연의 본성은 어떤 것도
편들지 않는 중성中性의 상태다. 아이의 무관심한 태도는 바로 자
연의 상태와 일치한다.

부모는 아이가 빨리 철들기를 바란다. 그러나 사실 아이가 철들
었다는 것은 동심을 잃어버렸다는 말과 크게 다르지 않다. 사실 위

대한 위인들은 성인이 되어도 어린이와 같은 마음을 잃지 않은 사람들이다. 동심을 간직하면서도 원숙한 통찰력을 갖도록 보조하는 것이 최상의 교육이다.

아이는 아이다운 것이 좋다. 그 나이에는 그 나이에 맞는 교육 환경과 방법이 필요하다. 조기 교육은 아이의 심신 발달에 불균형을 가져올 수 있다. 아무리 좋은 약도 과하거나 시기를 놓치면 효과를 보지 못하는 것처럼, 아이 교육에도 때와 정도가 적당한 것이 좋다. 이 점에서 아이에 대한 보다 폭넓은 이해가 필요하다.

16

성격의 힘은 누적된다.

The force of character is cumulative.

자립은 누적된 생활 습관으로 완성된다

천재는 1퍼센트의 영감과 99퍼센트의 땀으로 이루어진다는 에디슨의 말이 있다. 이처럼 인간이 정신적으로 성장하는 과정은 하루아침에 이루어지지 않는다. 정신적 성장에는 무수한 시련과 고통이 수반된다. 따라서 끊임없는 노력과 자기 성찰이 필요하다. 자립정신은 강한 인내와 의지로 운명에 항거하면서 생긴 누적된 힘을 통해 구현된다.

아이의 자립적인 생활 습관은 매우 중요하다. 아이의 바른 생활 습관을 위해서는 평소 가정, 학교, 사회 활동 속에서 지성, 인성, 그리고 감성을 조화롭게 발전시켜야 한다. 또한 힘든 시련과 고통을 이겨낼 강한 정신력과 체력을 기르는 생활 습관도 필요하다. 누적된 생활 습관이 아이의 성격을 형성한다.

아이의 생활 습관은 유전적인 면도 많다. 이 점에서 부모가 바른 생활 습관을 갖는 노력이 선행되어야 아이의 습관이 바뀌게 된다. 가정에서 길들여지지 않은 아이가 학교나 사회에서 길들여지기를 바라는 것은 부모의 지나친 욕심이다.

생각하는 것이 행동하는 것이다.

⋮ 생각할 수 없다면 행동할 수 없다

아이는 느낀 대로, 생각하는 대로 행동한다. 일반적으로 아이가 조금씩 세상의 가치 체계에 눈을 뜨고 순응하면서, 아이의 생각과 행동은 분리되기 시작한다. 그러나 세상과 성공적으로 소통하면서 자립하는 아이는 생각과 행동이 크게 분리되지 않는다. 자신의 내면의 생각을 조화롭게 행동으로 옮길 줄 알기 때문이다. 그 아이는 세상과의 관계를 고려할 줄 안다. 따라서 생각과 행동이 조화롭다.

아이의 바른 사고 습관을 길러주는 것은 자립할 수 있는 바른 행동 습관을 길러주는 초석이 된다. 생각할 수 없는 것은 행동할 수 없기 때문이다. 아이의 사고 능력을 자연스럽게 길러주는 가장 좋은 방법은 일상생활과 놀이다. 하루하루의 바른 생활 속에서 그리고 적당한 놀이를 통해서 생각과 행동이 상호 작용하면서 균형 있는 사고와 자립 능력이 생긴다.

18

학자에게 행동은 부차적이지만 필수적이다.

Action is with the scholar subordinate, but it is essential.

⸬ 아는 것을 행하게 하라

지행합일知行合一, 즉 아는 것과 행동이 하나가 되는 것이 학자의 덕목이다. 알지 못하면 행동할 수 없다. 그러나 어떤 고매한 사상도 행하지 않으면, 에머슨의 말처럼 "사상은 결코 원숙한 삶의 진리가 될 수 없다". 아는 것은 비교적 쉽지만, 그것이 체득되지 않으면 하나의 관념에 불과하다.

아이에게 어떤 지식을 가르치기는 쉽다. 그러나 그것을 몸으로 익히게 하여 자립할 수 있는 힘과 지혜를 만드는 것은 지극한 노력과 정성이 필요하다. 아이의 자립을 위해선 부모와 아이의 진실한 상호 작용이 절실하다.

아이는 부모의 행동을 그대로 따르기 쉽기 때문에, 먼저 부모가 실천하는 것이 바람직하다. 작은 것에서부터 노력하는 모습을 본다면 아이는 부모의 마음을 이해하게 되고 나아가 부모의 부족한 점을 극복하고자 하는 마음을 내게 된다. 중요한 것은 실천하고자 하는 정신이다. 그 정신을 아이에게 물려주면 된다.

우리는 홀로 가야 한다.

⁞ 자립 없이는 어울려 살 수도 없다

우리는 빈손으로 왔다가 빈손으로 간다. 인간은 세상에 홀로 와서 많은 사람들과 관계 맺고 활동하다가 결국 홀로 갈 수밖에 없다. 세상살이에는 두 가지 능력이 중요하다. 혼자 스스로 살 수 있는 능력과 사람들과 함께 어울려 살 수 있는 능력이다. 자립할 수 없다면 자유로운 관계를 형성할 수 없다. 지나친 의존은 사람 간의 관계를 부담스럽게 하기 때문이다. 부모는 아이가 사람과의 관계 속에서 자립하는 힘을 기를 수 있는 환경을 조성해주는 것이 바람직하다.

　요즘 한 아이를 둔 가정이 많아서 아이와 부모가 서로 너무 의존적인 경우를 흔히 볼 수 있다. 치맛바람이 대학은 물론이고 직장에까지 미치고 있는 실정이다. 진정으로 아이를 사랑한다면 아이가 자생력을 갖도록 어느 정도 거리를 두고 지켜보는 것이 좋다. 아이가 자립하는 과정에는 많은 고통이 따른다. 그 고통이 오히려 아이의 성장을 돕는 자양분이 될 수 있다. 부모는 아이가 홀로 갈 수 있을 때까지 끝없이 이해하고 용서하고 사랑할 수밖에 없다. 홀로 가게 놔두라.

지능은 운명을 폐기한다.
생각하는 인간은 자유롭다.

Intellect annuls Fate. So far as a man thinks, he is free.

⋮ 스스로 운명을 창조하게 하라

운명은 모든 존재에 항거하기 힘든 굴레를 드리운다. 짐승은 운명에 순응한다. 그러나 인간은 운명에 항거한다. 인간이 운명을 극복하지 않고 순응하기만 한다면 짐승과 다를 게 없다. 인간이 만물의 영장인 것은 스스로 생각하고 세상을 변화시키는 힘이 있기 때문이다. 이 사고하는 힘이 운명에 드리운 한계를 깨며 새로운 세계를 창조하고 인간을 자립하게 한다. 스스로 운명을 창조하는 정신을 가진 인간은 자유롭다.

자유로운 생각이 자립의 원동력이다. 각 시대는 그 시대에 맞는 세계관을 만들었고, 그 세계관에 입각하여 새로운 체제를 형성했다. 새로운 시대가 올 때마다 새로운 천재가 등장하여 그 시대를 열었다. 진실한 천재의 출현을 기대하자. 그 천재는 바로 우리 아이들에게서 나올 것이다.

건
강

Ⅱ

첫 번째 재산은 건강이다.

건강이란 몸과 마음의 균형이다

아이들이 자라면서 가장 중요하게 여겨야 하는 부분은 바로 건강이다. 건강은 어려서부터 몸과 마음의 균형에서 시작된다. 몸의 균형은 신체 안과 밖에서 동시에 이루어져야 한다. 안으로는 인체의 장기들이 균형과 견제 작용을 적절히 해야 하고, 밖으로는 인체가 앞과 뒤, 오른쪽과 왼쪽, 그리고 위와 아래로 균형을 이루어야 한다.

내부적인 균형을 위해서는 식습관이 중요하다. 5대 영양소를 골

고루 먹어야 내부 장기들이 조화로운 상태를 유지한다. 외부의 균형을 위해서는 바른 자세와 바른 행동 습관을 가져야 한다. 평소 자세가 바르지 못하고 한쪽 방향으로 치우친 행동 습관이 지속되면 인체가 변형될 수 있다. 외부의 변형은 내부 장기의 작용에도 영향을 미치게 된다. 인체의 모든 부위는 연결되어 있기 때문이다.

마음 상태도 건강에 큰 영향을 미친다. 건강을 위해 아무리 운동을 하고 식습관을 주의해도 평소 마음이 안정되어 있지 않다면 건강해질 수 없다. 마음이 동요하면 각종 스트레스 호르몬이 분비되어 인체에 나쁜 영향을 주기 때문이다.

뇌 건강은 몸과 마음의 건강과 직결된다. 뇌는 뇌신경을 말하는 것으로, 그 신경은 온몸에 연결되어 있다. 뇌를 건강하게 하려면 몸과 마음이 모두 조화와 균형을 이루고 있어야 한다. 아이의 뇌 건강을 위해 특정 영양소를 과다 섭취시키거나 지나친 뇌 활동을 강요하는 것은 좋지 않다. 인체의 모든 부위는 유기적으로 연결되어 서로 견제와 균형을 유지하기 때문에, 어느 한 부위를 지나치게 발달시키면 다른 부위에 부작용을 일으켜 전체적인 균형을 깬다. 몸과 마음의 전체적인 균형이 중요하다.

행동은 생각의 완성이자 발표다.

An action is the perfection and publication of thought.

⫶ 건전한 생각은 건강한 행동으로 나타난다

아이의 건강을 알 수 있는 것은 생각과 말과 행동이다. 생각은 볼 수 없지만 말과 행동 속에서 생각을 가늠할 수 있다. 특히 행동은 생각과 말이 결합된 결과다. 바르게 행동하는 아이는 세상과 건강한 관계를 맺고 있음을 보여준다. 행동이 바르지 않은 아이는 지금 자신이 세상, 가족, 친구 등과 불편한 관계에 있다는 것을 스스로 보여주는 셈이다.

아이의 행동을 바로잡아 줌으로써 역으로 생각과 말을 바르게 유도할 수 있다. 그런 측면에서 무엇보다 아이들이 자세를 바르게 하도록 가르칠 필요가 있다. 의자, 책상, 침대 등과 같은 서양식 가구가 도입되면서 학생들의 척추측만증이 급속히 증가했다. 스마트폰과 인터넷 사용 시간이 늘면서 상황은 더욱 심각해지고 있다. 몸의 자세가 균형을 잃으면 심신이 불편해지고 그것이 생각에 영향을 미쳐 비뚤어진 행동이 나오게 된다. 몸과 마음은 상호 작용한다. 마음이 바르면 몸에 좋은 영향을 주어 바른 행동으로 이어지게 된다. 몸과 마음 양쪽에서 균형을 회복하면 바른 행동이 나오기 마련이다. 아이의 생각이 건전하면 행동이 바르다. 아이가 바르게 행동하면 건강하다는 표시다.

"이 기운은 지극히 크고 극도로 강하다. 이것을 바르게 키우고
손상시키지 않으면, 하늘과 땅 사이 모든 공간을 채울 것이다.
이 기운은 정의와 도리에 부합하고 굶주림을 남기는 법이 없다."[1]

["]This vigor is supremely great and in the highest degree
unbending. Nourish it correctly and do it no injury, and it will
fill up the vacancy between heaven and earth. This vigor accords
with and assists justice and reason, and leaves no hunger."

생명의 기운을 가득 채워라

에머슨이 인용한 것은 맹자의 호연지기浩然之氣다. 호연지기는 몸
과 마음의 관계를 설명하면서 수행의 이치를 담고 있다. 또한 아이
들의 심성을 어떻게 발달시킬 것인가에 대한 깊은 통찰을 보여준
다. 여기서 '기운'은 기氣를 말하는 것으로 자연에 충만한 생명의
기운이자 인간의 생기生氣라 할 수 있다. 맹자는 그것을 특별히 호
연지기라 하여 인간을 가득 채우는 기운이라고 했다.

올바른 생명의 기운을 갖도록 아이를 키우고자 한다면 먼저 '해

함이 없이,' 즉 아이의 성장 발달에 맞게 정신적으로 그리고 육체적으로 부응해야 한다. 몸과 마음이 조화와 균형을 맞춰 성장해야 한다는 의미다. 나아가 '정의와 도리,' 즉 바른 이치와 진실한 삶의 규범에 부합하는 마음을 유지하면, 생명의 기운은 온몸에 가득 차게 된다.

이것은 유교의 이치만이 아닌, 도교, 불교, 기독교 등 모든 바른 종교의 이치이기도 하다. 진실한 삶의 이치는 다만 외형적인 표현이 다르고 정도가 다를 뿐, 내면의 진실은 같다. 우리 옛 선조의 교육은 이와 같은 심오한 이치를 담고 있다.

---

1) 에머슨은 콜리(David Collie)의 1828년 판 『중국 고전, 사서(The Chinese Classical Work, Commonly Called the Four Books)』를 통해 맹자의 호연지기(vast-flowing vigor)를 인용했다.

남풍은 재치 있고,
학교는 우울하고 느리며,
선생님은 너무 생략하는구나,
우리가 알고 싶어 하는 지식을.

The south winds are quick witted,
The schools are sad and slow,
The masters quite omitted
The lore we care to know.

⋮ 자연이 주는 생명의 지혜를 가르쳐라

아이들이 알아야 할 기본은 바른 습관과 사람 간의 기본적인 행동 규범, 자연의 일부로서 인간이 갖추어야 할 생태적 지혜, 생명 현상에 대한 기본적인 이해, 인성과 창의력, 그리고 건강한 체력이다. 그러나 아이들의 학습 현실은 정반대로 흘러가고 있다. 아이들이 갖추어야 할 기본은 뒤로 밀려나고 선행학습이 지나치게 강조되고 있다. 아이들에게는 자연의 생명력이 필요하다.

아이들은 인성, 창의력 등을 고루 발전시켜 인생 전체를 건강하게 살아갈 수 있는 힘을 길러야 한다. 하지만 지금의 아이들은 너무 많은 에너지를 공부에 뺏기고 있다. 그래서 정작 공부에 집중해야 할 시기에는 에너지가 부족해진다. 인간이 발견한 모든 물리 법칙은 사실 자연 법칙의 발견이라고 해도 과언이 아니다. 어려서 자연과의 교감을 충분히 하고 건강한 생명력을 간직한 아이가 충분한 창의력을 발휘할 수 있는 법이다. 자연이 주는 생명의 지혜를 기르자.

인간의 마음에 가장 먼저,
제일 중요한 영향을 주는 것은
바로 자연이다.

The first in time and the first in importance of the influences
upon the mind is that of nature.

⁞ 인간은 자연 속에서 잃어버린 생명력을 얻는다

갓난아기는 자연에서 막 나온 존재와 같다. 자라면서 점점 자연과는 멀어져가지만, 다시 자연으로 돌아갈 수밖에 없다. 10세 이전의 아이들은 자연에 가까운 존재다. 따라서 아이들이 자연을 느낄 수 있도록 해줘야 한다. 인간은 누구나 자연 속에서 잃어버린 생명력을 얻는다.

특히 자연의 생명력을 많이 간직한 아이들에게 효과는 더 크다. 자연은 아이의 마음을 자연의 상태로 되돌려 준다. 어린이의 마음은 자연의 본성을 닮아 있기 때문에, 자연 속에서 생기를 쉽게 얻을 수 있다. 또한 도시의 각종 병에 시달리는 아이도 자연 속에서 뛰어놀고 자연의 신선한 음식을 먹으면 웬만한 병은 자연 치유된다. 예를 들어 아토피는 대표적인 도시병이다. 거주 환경을 자연적으로 바꾸고 음식을 자연식으로 바꾸면 아이의 아토피는 거의 완치된다.

인간의 생명을 유지시키는 것 중에서 가장 중요한 것은 공기와 물이다. 이 두 가지 요소가 좋은 곳에 산다면 웬만한 병은 자연 치유된다. 풍수가 좋다고 하면 근본적으로 물과 공기의 순환이 좋은 곳을 말한다. 이러한 곳에서 훌륭한 인재가 나올 가능성이 많은 것은 당연한 생명 현상의 이치다.

'너 자신을 알라'라는 고대의 격언과
'자연을 연구하라'라는 현대의 격언은
결국 같은 금언이다.

And, in fine, the ancient precept, "Know thyself," and the
modern precept, "Study nature," become at last one maxim.

⋮ 자연을 연구하게 하라

인간은 자연의 일부분이다. 인간이 자연과 동떨어진 삶을 살기
시작한 것은 유구한 인류 역사에 비해 극히 짧다. 우리 선조들은
자연을 아는 것이 인간을 아는 것이라는 사실을 이미 체득하고 있
었다. 옛 선조들은 자연이 변화하는 법칙을 알고 있었다. 그래서
천문과 지리를 이해하고 계절의 변화를 알아내며 농사를 지었다.
도교와 유교에서 중시하는 『역경易經』은 바로 자연의 변화 원리와
인간의 운명을 풀어놓은 것이다. 우리 선조의 교육에는 자연의 변

화와 질서에 관한 내용이 포함되어 있었다.

　이제 아이들에게도 자연과 인간의 변화에 관한 기본적인 개념을 심어줘야 한다. 하루의 변화, 계절의 변화, 대기의 순환 등과 같은 자연의 변화와 순환은 그 원리가 인체 내부의 변화와 순환과 다르지 않다. 아이들이 자연을 느끼도록 가르치는 것은 생명력을 고양시키는 최고의 교육 방법이다.

자연에는 고정된 것이 없다.
우주는 유동적이고 끊임없이 변한다.

There is no fixtures in nature.
The universe is fluid and volatile.

⋮ 생명 현상을 이해하게 하라

세상에 변하지 않는 것은 없다. 변하지 않는 것은 변화의 법칙 자체다. 물질은 눈에 보이든 보이지 않든 끊임없이 변화하고 있다. 인간도 자연의 일부로, 변화의 법칙에서 벗어날 수 없다. 하루가 낮과 밤으로 변하고, 계절이 봄, 여름, 가을, 그리고 겨울로 순환함에 따라 아이의 생체 리듬은 항상 달라진다. 아이의 생체 리듬에 따라 교육의 내용과 방법을 달리해야 건강을 지킬 수 있다.

몸의 변화 못지않게 마음의 변화에도 유의해야 한다. 아이의 의식은 한 순간도 멈추어 있지 않다. 생각을 멈추는 것은 순간적인 현상에 불과하다. 발달 단계에 따른 의식 변화를 주의 깊게 살펴라. 아이의 의식 수준에 맞추어 단계별로 교육하는 것이 자연스럽다. 변화에 능동적으로 대처하기 위해서는 무엇보다 아이에게 변화의 근본 원리를 가르치는 것이 바람직하다. 그러기 위해서는 부모부터 생명 현상을 제대로 이해하고 있어야 한다.

지난날의 모든 미덕은
지금의 미덕에 생명력을 불어넣는다.

All the foregone days of virtue work their health into this

⋮ 현재의 습관은 과거의 행동이 누적된 결과다

한 사람의 인생은 부모에게 물려받은 덕행과 본인의 의지와 행
동이 결합하여 형성된 현재의 생활 규범에 좌우된다. 한마디로 생
활 습관이 각자의 운명이라고 할 수 있다. 생활 습관은 과거의 누
적된 행동이 현재의 습관으로 굳어진 것이다. 좋은 습관은 현재의
행동에 미덕과 활기를 불어넣게 된다.

대부분의 생활 습관은 10세 이전에 결정된다. 어린 시절의 버릇
이 평생을 가는 법이다. 아이가 바른 몸과 마음 자세를 가지고 인

생을 바르게 살 수 있도록 조기에 좋은 생활 습관을 길러주는 것이 중요하다. 예를 들어, 우리 선조들이 소중히 여긴 어짊仁, 의리義, 예절禮, 지혜智, 그리고 믿음信과 같은 덕목은 아이들의 인성과 건강 발달에도 도움이 된다. 한의학적으로 어진 마음은 간, 의리는 폐, 예의는 심장, 지혜는 신장, 믿음은 위장과 관계있다. 따라서 인의예지신仁義禮智信을 잘 지킨다면 심신을 조화롭게 유지할 수 있다. 그런 의미에서 아이들에게 바른 행동 규범을 가르치는 것은 건강을 위해서도 반드시 필요하다.

아이들의 놀이는 터무니없어 보이지만,
상당히 교육적인 장난이다.

The plays of children are nonsense,
but very educative nonsense.

놀이는 최고의 교육이다

어린아이들에게 놀이는 최고의 교육이다. 의미 없는 장난으로
보인다 하더라도 아이들은 놀이를 통해 활발하게 움직이면서 몸
의 균형을 잡고, 놀이에 집중하며 마음의 균형을 잡는다. 놀이가
몸과 마음의 건강을 조화롭게 발달시키는 것이다.

또한 여러 아이들이 함께하는 놀이를 통해 인간관계를 맺는 방
법을 배운다. 그런 의미에서 놀이는 사회성을 높이는 좋은 학습의
장이다. 사회성이 발달한 아이가 건강하다. 아이들의 놀이가 위험

한 것이 아니라면, 편히 놀 수 있도록 자유롭게 놔둬야 한다.

그러나 요즘에는 대중매체가 발달하면서 아이의 심신의 균형을 깨는 놀이가 주변에 너무 많은 것이 현실이다. 상업주의 때문에 아이들의 바른 성장을 방해하는 것들을 모른 체해서는 안 된다. 예를 들어 아이가 스마트폰을 너무 오래 가지고 놀면 건강이나 정서 발달에 좋지 않다. 이 부분에 부모의 세심한 주의가 필요하다. 사회 차원의 정책적인 보완도 필요하다.

독서를 하는 최고의 규칙은
자연이 제시하는 방법이다.

The best rule of reading will be
a method from Nature.

⦙ 자연의 방법을 익히게 하라

자연은 최고의 교과서다. 자연은 무한한 생명의 비밀을 담고 있다. 인류 역사상 위대한 발견은 대부분 자연 현상에 내재되어 있는, 눈에 보이지 않는 자연 법칙을 발견한 것이다. 자연과 삶의 진리를 찾는 것이 독서의 주된 목적이다. 책을 읽는 방법도 자연의 방식을 따르는 것이 생명의 이치에 맞다.

아이들은 자연과 가장 친화적인 상태에 있다. 이 시기는 생명의 원기를 기르는 단계다. 이때는 고요하게 생명의 기운을 북돋아 자라게 할 필요가 있다. 이 시기에 인위적인 활동이나 지나친 선행학습 등으로 아이들을 들쑤셔 놓으면 자칫 아이들이 원기元氣를 잃을 수 있다. 원기가 상하면 건강한 삶을 살 수 없다.

또한 아이들의 적성, 인성, 능력 등을 무시한 채 단순히 기계적인 학습법을 통해 일방적으로 책 읽기를 가르친다면 아이들 개개인의 자연스러운 성장을 방해한다. 이제 자연의 방법으로 돌아가 교육을 근본적으로 생각해볼 때다. 자연의 방법은 조화와 균형이다. 자연은 이질적인 많은 요소들이 상호 작용하며 전체적인 균형을 찾아간다. 아이도 자연스러운 경험과 활동을 통해 스스로 자신의 능력에 맞는 독서의 균형을 잡을 수 있다. 부모는 다양한 기회를 제공하고 안내 역할을 하면 된다.

인간의 운은 성격의 결과다.

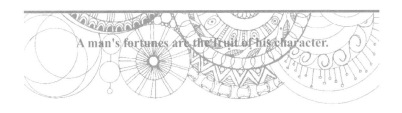

A man's fortunes are the fruit of his character.

감정 기복에서 아이의 건강을 읽어라

성격을 보면 그 사람의 운명을 알 수 있다. 성격이 모난 사람은 다른 사람들과 잘 부딪치고 분쟁이 잦다. 반면 성격이 원만한 사람은 인생을 둥글게 산다. 과거 산업화 시대에는 한 가지 신념으로 똘똘 뭉친 사람이 성공할 수 있었다. 그 시대는 개인의 다양성보다는 전체의 통일성이 중시되었기 때문이다. 그러나 다양한 가치를 인정하는 현대 사회에서는 조화로운 성격이 성공을 부르는 필수요건이다. 모난 성격은 자신을 힘들게 할 뿐만 아니라 주위 사람들을 힘들게 해서 조화로운 인간관계를 해친다.

성공의 기본 조건인 건강은 성격과 관련이 깊다. 감정의 기복에서 아이의 건강을 읽어라. 감정이 균형을 잃으면 아이의 건강이 안좋다는 증거다. 분노는 간을 해친다. 기쁨과 웃음이 지나치면 심장을, 생각이 너무 많으면 위장을, 슬픔이 과하면 폐를, 공포가 너무강하면 신장을 해친다. 감정을 잘 조절하는 것이 원만한 성격을 만들고 건강해지는 비결이다.

아이가 감정을 자연스럽게 분출하도록 두는 것이 좋다. 아이의감정 조절은 학습보다는 놀이, 미술, 음악 등과 같은 신체 활동을통해 자연스럽게 이루어지는 것이 효과적이다. 식습관을 바르게갖는 것도 중요하다. 음식을 골고루 먹으면 성격이 좋아진다. 편식하는 아이는 그만큼 성격이 편향돼 있다.

숲 속에서 우리는 이성과 신앙으로 돌아간다.
그곳에서는 자연이 우리 삶에 주는 모든 것을 – 어떤 치욕도,
어떤 불행도 – 치유할 수 있다.

In the woods, we return to reason and faith. There I feel that
nothing can befall me in life, – no disgrace, no calamity, which
nature cannot repair.

⁝ 자연은 최고의 병원이다

우리는 자연의 일부다. 우리는 자연 속에서 지친 몸과 마음을 쉴 수 있다. 특히 아이는 자연 친화적인 환경 속에서 가장 건강하게 자란다. 아이는 자연 속에서 뛰어놀고, 자연의 변화를 느끼며, 건강한 활동을 하면서 도시에서 유발되는 많은 육체적, 심리적 질병을 스스로 치료할 수 있다. 이를테면 최근 청소년들 사이에서 급증하는 척추측만증과 우울증은 자연 친화적인 신체 활동과 식생활을 통해 예방될 수 있다.

무엇보다 자연과 더불어 살면서 아이는 앞으로 일생 동안 살아갈 생명의 기운을 키울 수 있다. 우리 모두가 도시를 떠나 자연으로 돌아갈 수는 없다. 하지만 도시 속에서도 자연이 함께 어울리는 삶의 환경을 만들 수 있다. 정기적으로 자연을 찾아가는 생활습관을 통해서, 아이와 부모가 함께 건강한 삶을 영위할 수 있어야 한다.

운명의 최고 효용은
중대한 용기를 가르치는 것이다.

It's the best use of Fate
to teach a fatal courage.

운명의 교육적 효과

우리의 인생은 끊임없는 시련과 고통의 연속이다. 인간은 시련을 통해 성숙해진다. 그러나 강인한 정신력과 체력이 없다면 시련을 극복할 수 없다. 아이가 세상에 나가 모진 시련을 견디고 성공적인 삶을 살기 위해서는 정신과 육체가 모두 균형 있게 단련돼야 한다.

자연의 온갖 변화는 자연 만물에 생명력을 준다. 운명의 부침도 인간을 더욱 강하게 만드는 교육적 효과가 있다. 아이가 발달 단계에 맞게 강한 용기와 체력을 기를 수 있도록 도와주자. 아이는 거친 운명에 맞설 힘과 용기를 충분히 기를 수 있다. 에머슨이 말했듯이, "운명이 그렇게 강하다면, 인간도 역시 운명의 일부분이고 운명으로 운명을 직면할 수 있기 때문이다". 자라면서 겪게 되는 많은 시련과 고통 속에서 아이는 오히려 자신의 운명에 맞설 힘과 용기를 얻게 된다.

이 세계가 실현하고자 하는 진정한 낭만은
천재성을 실제적인 힘으로 변용하는 것이다.

[The] true romance which the world exists to realize will be
the transformation of genius into practical power.

⠸ 자기 변신을 위한 끝없는 노력

세상에 변하지 않는 것이 없다. 삶의 진실도 세상의 변화에 따라
끝없이 변한다. 어떠한 논리도 어떠한 형식도 변화하는 삶의 총체
적 진실을 담을 수 없다. 진정한 천재성은 삶의 변화에 맞춰 진실
을 향해 끊임없이 자신을 변화시키는 것이다.

천재성을 키우고 싶다면 교육의 내용과 형식이 시대의 변화에
맞춰 융통성을 가져야 한다. 경직된 교육 환경 속에서는 천재성이
발현되기 어렵다. 또한 변화에는 아픔이 동반되므로, 아이가 변화

의 시련을 이겨낼 수 있는 강한 체력과 정신력을 키워줘야 한다. 그런 의미에서, 부모가 아이를 지나치게 품고 키우는 것은 바람직하지 않다. 자립심을 키울 수 있는 적당한 자극을 아이에게 주어라. 자립은 변화에 끌려다니지 않고 능동적으로 변화를 주도하는 것이다.

만물에는 도덕률이 있다.

: 자연의 질서는 만물의 도덕률이다

자연은 우리에게 휴식만을 제공하지 않는다. 자연은 우리에게 그 법칙을 가르친다. 자연에는 보이지 않는 생명의 질서가 있다. 그것은 변화와 관계의 질서이기도 하고 순환의 질서이기도 하다. 자연의 질서는 물리의 법칙이고 만물의 도덕률이다.

유교는 바로 자연의 질서를 인간의 질서로 재해석한 것이다. 유교의 행동 규범은 자연의 질서를 인간의 행동에 적용하고 위계질서를 세우고 있다. 우리는 전통적인 좋은 행동 양식을 잊어버리고 다른 나라의 행동 규범을 너무 쉽게 따라 한다. 민주주의 사회에서 봉건적인 위계질서를 강요할 수는 없지만, 사람 간의 질서를 바르게 유지시키는 행동 규범은 본받을 만하다. 그것을 통해 인간관계가 진실해질 수 있기 때문이다.

무엇보다 도덕적 행동 규범은 아이의 건강에 좋다. 한의학적으로 어진 마음仁, 의리義, 예절禮, 지혜智, 그리고 믿음信을 조화롭게 유지하면 건강한 아이로 자랄 수 있다. 그러나 지나치게 특정 규범을 강조하면 조화가 깨져 오히려 건강을 해치므로 주의해야 한다. 전체적인 조화와 균형이 무엇보다 중요하다.

인간은 생명의 율동으로 산다.
우리의 유기적 움직임도 그렇다.

Man lives by pulses;
our organic movements are such.

⦂ 율동은 생명력의 표현이다

물리학적으로 모든 것은 파장을 이루고 있다. 에너지가 뭉치면
물질을 이루고, 물질이 흩어지면 에너지로 돌아간다. 어떤 물체든
지 그 물체에는 고유한 파장이 있다. 인간도 예외는 아니다. 각자
고유한 생명 에너지가 있다.

아이는 율동하는 생명의 기운이 어른보다 강하다. 부모는 아이
의 생체 리듬을 주의 깊게 관찰해야 한다. 생동하는 아이의 에너지
가 유기적인 조화를 이룰 때 몸과 마음이 건강하다. 그 조화가 깨

지면 건강을 잃게 된다. 자녀 교육에는 이러한 생명의 리듬을 유지시킬 수 있는 시간, 공간, 활동, 학습 등의 유기적인 안배가 중요하다.

한편 비록 개인적인 차이는 있지만 인간의 생명력은 생로병사의 큰 흐름을 거스를 수 없다. 10세까지는 원기元氣를 기르는 온양의 단계다. 이때에는 무리하게 운동하기보다는 기초 체력을 다지는 것이 좋다. 또한 지적인 호기심이 왕성한 때이므로 창의력과 인성을 높이는 것이 바람직하다. 그 이후부터 아이의 체력이 증가해 24세에 정점을 이룬다. 이 시기에는 강도 높은 운동을 통해 근력과 지구력을 길러야 한다. 물론 강한 정신력도 겸비해야겠다. 25세부터는 점차 체력이 떨어진다. 이때부터는 운동의 강도를 줄이고 정신을 함양하는 데 보다 주의를 기울여야 한다. 나이가 들수록 걷기, 맨손체조 등과 같은 가벼운 운동이 바람직하다. 더불어 탐욕을 줄이고 마음 수양에 힘쓰는 것이 좋다. 몸과 마음은 생명의 유기적 율동에 영향을 받기 때문에 생명 주기에 맞게 각자 자신에게 맞는 일(학습)과 휴식의 리듬을 잘 찾아야 한다.

육신의 건강은 순환에 있고,
정신의 건전성은 관계의 다양함이나 용이함에 있다.

[Health] of body consists in circulation, and sanity of mind in
variety or facility of association.

⠿ 몸과 마음의 순환

몸이 건강하다는 것은 인체의 모든 장기가 제대로 작용하는 것을 의미한다. 즉, 인체의 정상적인 활동은 장기 상호 간의 순환 작용이 순조롭게 이루어지고 있다는 의미다.

한의학적으로 보면, 간이 좋으면 심장에 좋은 영향을 미친다. 이와 같이 심장은 위장에, 위장은 폐에, 그리고 폐는 신장에 영향을 미친다. 몸이 균형을 이루면 정상적인 순환 관계가 만들어지고 건강한 상태를 유지할 수 있다. 그러나 균형이 무너지면 상극의 관계를 형성하고 건강을 잃게 된다. 한마디로 몸이 부드럽게 순환하면 건강하고, 몸이 막히고 굳어지면 건강하지 못하다.

우리의 마음도 부드럽게 열려 있으면 건전한 관계를 이룰 수 있다. 그러나 마음이 꽉 막히면 다양한 관계를 쉽게 형성할 수 없다. 소통되지 않는 관계는 마음을 병들게 한다. 아이들이 대개 특별한 운동이나 정신 훈련을 받지 않아도 건강한 것은, 몸과 마음이 부드럽기 때문이다. 아이들이 몸과 마음의 유연성을 계속 유지할 수 있도록 부모 역시 유연성을 견지해야 한다.

좋은 책과 함께하는 것은
좋은 친구와 함께하는 것과 같다.

It is with a good book as it is with good company.

⋮ 책 속의 수많은 친구를 만나게 하라

좋은 교육을 위해서는 세 가지가 필요하다. 좋은 학교, 좋은 선생님, 그리고 좋은 친구다. 특히 좋은 친구는 아주 중요한데, 아이들이 실질적으로 배우는 것은 바로 좋은 친구를 통해서다. 좋은 책은 바로 좋은 친구의 역할을 한다. 또한 좋은 책은 좋은 학교이자 좋은 선생님이기도 하다. 우리의 인생은 길지 않기 때문에 모든 것을 경험할 수 없다. 책 속 수많은 친구들의 경험을 통해서 아이는 간접적으로 수많은 경험을 하게 되고 삶의 용기와 지혜를 얻는다.

좋은 책의 기준은 아이마다 다르다. 아이의 개성과 능력이 다르기 때문이다. 아이의 지적, 육체적 성장 단계와 맞는 책을 보는 것은 건강에 매우 좋다. 아이가 아직 책을 읽을 수 없다면, 부모가 읽어주면 된다. 어린아이는 부모의 목소리를 통해 마음의 안정을 얻고 충분한 상상력을 키울 수 있다는 최근의 연구 결과도 있다. 밋밋한 목소리보다는 다양한 감정을 살린 목소리가 아이의 심신 발달에 좋다. 이를 통해 아이가 다양한 경험과 감정을 간접적으로 느끼면서 몸과 마음이 적당한 자극을 받게 된다. 그 적당한 자극이 아이의 몸과 마음을 균형 있게 성장시키는 일종의 자양분 역할을 한다.

그러나 책은 아이가 책을 맞이할 준비가 되어야 비로소
효과가 있다. 때로 아이는 상당히 늦게 준비되기도 한다.

But books are good only as far as a boy is ready for them.
He sometimes gets ready very slowly.

⦂ 생체시계는 아이마다 다르다

아이의 발달 정도는 서로 다르다. 보통 천재로 알려진 아이들 대부분은 발달 단계가 남보다 빠를 뿐이다. 시간이 지나고 그 아이들이 성장한 이후를 보면, 일반 아이들과 별반 다르지 않은 경우가 많다.

반대로 어려서는 둔재와 같았더라도 나중에 천재성을 발휘하는 경우를 얼마든지 볼 수 있다. 예를 들어 에디슨과 아인슈타인은 모두 어려서 학교생활에 적응을 잘 하지 못했다. 물론 경직된 교육

시스템으로 인해 두 사람이 천재성을 발휘하지 못한 측면도 있다. 하지만 더 중요한 것은 개인적인 발달 차이였다.

우리 몸에는 생체시계가 있다. 이 생체시계의 작동 방식은 사람마다 다르다. 중요한 것은 생체시계의 주인은 바로 아이 자신이고, 스스로 자신의 생체시계를 작동시킬 때가 있다는 것이다. 이때가 바로 아이가 진정으로 책을 맞이할 준비가 된 시기다. 늦게 준비된다고 조급해하지 말라. 부모가 할 수 있는 것은 끊임없는 이해와 사랑으로 아이를 격려하면서 기다리는 것이다.

태양은 어른의 눈만 비추지만,
아이에게는 눈과 마음까지 비춘다.

The sun illuminates only the eye of the man,
but shines into the eye and the heart of the child.

동심을 잃지 않으면 항상 건강하다

어린아이는 동심을 간직하고 있다. 이 시기에 아이의 감각과 의식은 자연에 순응되어 있다. 내부와 외부의 모든 감각이 조화롭게 순응되어 있어, 아이는 자연의 생명력과 부드럽게 교통한다. 그러나 어른이 돼가면서 아이는 자연과 부드럽게 소통할 수 없게 된다. 몸과 마음이 굳어져, 자연을 느끼기 힘들기 때문이다. 그러면서 자연의 건강한 생명력을 점점 잃게 된다.

어른이 되어도 유아기의 정신을 소유한 사람은 자연의 생명력을 간직하고 있는 건강한 사람이다. 동양에서도 이러한 정신을 최고로 여겼다. 노자와 맹자는 어린아이와 같은 부드러움을 유지하는 것을 수양의 최고 경지로 삼았다. 보통 사람은 유아기의 정신을 상실한다. 오직 군자만은 그 정신을 지니고 있어 언제나 조화와 균형을 유지할 수 있다. 자연과 소통하는 부드러운 생명력을 유지시킬 수 있는 동양의 전통적인 교육법을 되살려야 하는 이유다.

한곳에 관심을 집중하는 것이야말로
다른 사람들의 성가신 경박성에 대한 유일한 해답이다.

A preoccupied attention is the only answer
to the importunate frivolity of other people.

⦙ 집중하면 건강해진다

우리는 수많은 가치의 혼란 속에 살고 있다. 각자가 서로 다른
세상에 살고 있는 셈인데, 각자의 세계관이 충돌하면서 불가피하
게 생기는 성가심은 말할 수 없이 괴롭다. 이런 상황에서 온전히
정신을 차리기 위해서는 각자 지켜야 할 준칙이 필요하다. 그 준칙
이 종교적이든, 규범적이든, 학습적이든 상관없이 무엇인가 한곳
에 집중하는 수단을 통해 정신을 바르게 유지할 수 있다. 아이들에
게 상황에 맞는 적절한 집중 수단을 가르치는 것은 중요하다.

집중은 최고의 수행 방법이다. 그러나 집중하는 방법은 사람마다 다르다. 눈 밝은 선지식善知識2)이 수행자에게 맞는 수행법을 가르친다. 정신적 멘토를 찾을 수 없는 상황에서는 스스로 자신에게 맞는 수행법을 찾아야 한다. 학습도 이와 같다. 주의가 산만한 아이는 교육 효과가 떨어진다. 그런 아이에게는 집중할 수 있는 동기를 부여해줘야 한다. 훌륭한 교사나 부모는 아이에 맞는 학습법을 통해 아이의 잠재능력을 끌어낸다. 아이가 스스로 자신에게 맞는 학습법을 찾을 수 있도록 돕는 것도 좋은 방법이다.

집중은 또한 최고의 건강법이기도 하다. 우리가 건강하지 못한 것은 생각이나 감정이 잠시도 쉬지 않고 들끓기 때문이다. 각종 스트레스 호르몬이 몸을 해친다. 또한 너무 많은 에너지를 정신 작용에 뺏기면서 몸과 마음에 고르게 분배될 전체적인 에너지의 균형이 깨진다. 아이가 집중할 때 방해하는 것은 아이의 건강을 해치는 행위다. 집중의 대상은 놀이, 학습 등 다양하다. 부모가 상황에 맞게 아이의 집중을 적절히 보조하는 것이 아이의 건강에 좋다.

---

2) 도(道)와 덕(德)이 높아 사람들을 진리의 세계로 인도할 만한 사람.

창
의

III

자신의 생각을 믿는 것,
자신에게 옳은 것이 모든 사람에게도 옳다고 믿는 것,
그것이 천재다.

To believe your own thought, to believe that what is true for you
in your private heart is true for all men—that is genius.

⋮ 내면적 진실을 말하게 하라

에머슨의 천재의 정의는 우리와 사뭇 다르다. 천재와 일반인의
차이가 지력에 있지 않다. 진정한 천재는 자신의 내면에서 자연스
럽게 우러나오는 목소리를 부끄럼 없이 말하는 사람이다. 보통 사
람은 그렇지 못할 뿐이다. 공자, 소크라테스. 노자, 석가, 예수 같은
위대한 천재들은 전통보다는 자신의 직관을 믿었다. 그들은 자신
이 생각하는 것에 확신을 갖고 그 생각을 남들에게 말했다. 그들은
모든 가식을 버리고 꾸밈없는 진실을 말했다. 그들의 진실은 사람

들의 마음을 움직이고 세상을 변화시켰다.

　개인의 본성과 적성을 무시한 교육은 삶의 진실을 배제하고 삶의 총체성을 상실케 한다. 그 교육은 특정 분야의 기능적 전문가만을 양산할 뿐이다. 개인의 내면적 진실을 드러내어 삶의 총체성을 구현하는 교육이 진정한 천재 교육이자 전인 교육이다. 따뜻하고 행복한 사회는 진실한 천재들이 만들어가는 조화로운 사회다.

위대한 천재는
본질적인 인간으로 돌아간다.

The great genius
returns to essential man

⁞ 천재는 모든 형식을 뛰어넘는다

에머슨에게 천재는 단순히 머리가 좋은 사람이 아니다. 천재는
자신의 진실을 거짓 없이 드러내는 덕성과 품행을 갖춘 사람이다.
그러한 천재는 모든 형식을 뛰어넘어 인간 본연의 인성으로 돌아
가는 법이다. 에머슨은 본질적인 인간의 전형을 신사로 보고 있다.

외면적인 형식에는 차이를 보이지만, 신사는 유교의 선비와 그
기본 정신이 같다. 에머슨은 선비 정신을 높이 치고 있다. 삶의 진
실을 향한 내면의 정신은 신사와 선비 모두에게 같기 때문이다. 따

라서 어짊仁, 의리義, 예절禮, 지혜智, 그리고 믿음信이라고 하는 선비의 정신과 덕목이 다른 명칭과 방식으로 신사의 정신과 덕목 속에 들어 있다. 따라서 신사와 선비는 본질이 유사한 인물형이다. 진실한 삶을 창조한다는 점에서 둘 다 위대하다.

자녀 교육에서 가장 중요한 점은 인간의 근본 정신이다. 본질적인 인간으로 돌아가 진실을 가르치는 것이 교육의 근본이다. 그러기 위해서는 먼저 부모가 진실해야 한다.

보통 사람은 희망하지만,
천재는 창조한다.

[Man] hopes,
genius creates.

⁝ 모든 아이의 마음속에 있는 창조 정신을 깨워라

좋지 않은 상황이 오면 보통 사람은 대부분 그 상황이 호전되기를 희망한다. 그러나 천재는 스스로 그 상황을 호전시킨다. 에머슨의 천재는 진실한 삶을 창조해가는 사람이다. 그 창조의 원동력은 인간과 자연과 신이 하나라는 '원초적 관계'에 대한 믿음에 있다. 인간은 만물의 영장으로서 그 본성이 유교적으로는 하늘의 본성과 같고, 기독교적으로는 성령과 하나이고, 불교적으로 불성과 다르지 않다. 이 강한 믿음으로부터 천재는 세상을 창조한다.

사실 우리는 각자의 관념 속에 살고 있다. 우리는 늘 자신만의 세계를 창조하며 살고 있는 셈이다. 스스로 세계를 창조하고 있다는 사실을 의식하지 못할 뿐이다. 천재는 그것을 인식하고 바르게 창조하고자 늘 깨어 있는 사람이다. 천재 교육의 핵심은 바로 바른 창조 정신에 있다. 아이의 마음속에는 본래 창조 정신이 있기 때문에 그 잠재력을 바르게 일깨워주기만 하면 된다.

세상의 본질은 관계와 변화다. 창조는 그 관계 속 변화를 새롭게 구성하는 것이다. 또한 새로운 구성이 전체 생명 공동체의 선善으로 구현될 때 비로소 바른 창조가 이루어졌다고 말할 수 있다.

우리는 천재의 작품에서 우리 스스로가 버린 생각들을 인식한다.
그것은 일종의 낯선 장엄함으로 우리에게 되돌아온다.

In every work of genius we recognize our own rejected thoughts;
they come back to us with a certain alienated majesty.

⋮ 천재는 자립정신에서 나온다

천재가 생각하는 것을 보통 사람도 생각할 수 있다. 다만 보통
사람은 자신의 내면의 소리를 믿지 못하고 무의식중에 흘려보낼
뿐이다. 천재와 보통 사람의 차이는 자신을 믿고 표현하는 정도에
달려 있다. 보통 사람은 자신을 믿는 마음이 부족하기 때문에 자신
의 생각에 확신을 갖지 못하고 표현하지 못한다. 그러나 자신이 생
각했던 것을 다른 사람으로부터 들을 때, 그것은 '일종의 낯선 장
엄함'으로 다가오게 된다.

아이가 자신을 믿고 자립정신을 기르는 것이 진정한 천재가 될 수 있는 바탕이다. 먼저 자유로운 교육 환경 속에서 아이는 자신의 개성을 충분히 표현할 수 있어야 한다. 이때 부모는 아이의 개성을 함부로 평가해서는 안 된다. 불필요한 평가는 아이의 자유로운 생각과 표현을 방해하고 자립정신을 해친다. 또한 아이는 그러한 평가로 상처받기 쉽다.

우리는 관찰하는 본성을 타고났다.
그래서 우리는 본디부터 학생이다.

We are by nature observers, and thereby learners.

⋮ 창의력은 호기심에서 나온다

우리는 세상에 태어나면서부터 끊임없이 세상을 관찰한다. 우리는 보이는 만큼 세상을 느끼고 그만큼 살게 된다. 태어나서 죽을 때까지 우리는 쉬지 않고 배우는 학생인 셈이다. 특히 아이는 10세에 이르러 지적 호기심이 최고조에 달한다. 아이는 호기심이 왕성하기 때문에 끊임없이 이것저것을 바라보고 물어본다. 간혹 뜻밖의 질문을 쏟아내기도 하고, 때로는 대답하기 힘든 질문을 하기도 한다.

그러나 불행히도 아이의 지적 호기심은 점차 사그라진다. 아이가 점차 기성세대의 가치 체계에 순응할 수밖에 없는 교육 시스템과 사회 구조 때문이다. 아이의 창의력은 호기심을 통해 나오기 때문에 타고난 학습 본능을 지속시키기 위해서는 교육 제도와 사회 구조가 탄력적일 필요가 있다. 그리고 부모가 아이의 다양한 호기심에 융통성을 가지고 대해야 한다. 지적 호기심을 꾸준히 유지하는 아이는 건강하다.

우리의 모든 과정은 식물의 싹처럼 개화의 과정을 거친다.
식물이 뿌리, 싹, 그리고 과일을 갖는 것처럼,
우리는 먼저 본능, 그다음 의견, 마지막으로 지식을 갖는다.

All our progress is an unfolding, like the vegetable bud.
You have first an instinct, then an opinion, then a knowledge,
as the plant has root, bud, and fruit.

지적 성장 과정을 이해하라

모든 생명 활동은 태어나서 성장 발달하고 퇴화하는 필연의 과정을 거치게 된다. 인간의 성장 발달 과정에도 생명 현상의 필연적인 법칙은 그대로 적용된다. 아이마다 정도의 차이가 있지만 지적 성장 단계에는 공통점이 있다. 아이는 먼저 감각과 본능이 발달하는 단계를 거쳐, 다양한 경험에 대해 자신의 의견을 갖고 이를 표현한다. 이 기본적인 과정을 충분히 거친 이후에 아이는 최종적으로 보편적인 지식을 얻게 된다.

아이의 지적 성장 과정에서 각 시기에 맞는 적절한 교육이 필요하다. 지나친 선행학습을 요하는 영재 교육은 오히려 아이의 잠재능력과 창의력을 해치는 경우가 많다. 특히 10세까지 아이의 호기심이 극도로 발달하기 때문에 이 시기에 아이의 성향과 능력에 맞게 창의력을 조화롭게 발달시켜야 한다.

먼저 아이의 호기심을 자극하는 것이 좋다. 호기심이 생기면 관심이 높아지고, 관심이 높아지면 집중하게 된다. 호기심, 관심, 그리고 집중이 상호 작용하면서 아이의 학습 능력이 향상된다.

모든 감각은 물질의 표면적 사실을 수집한다. 지능은 이들 야생적
보고 자료에 작용하여, 그것들로부터 경험의 정수 혹은
지적 형식인 결과를 획득한다. 지능은 그것을 비교하고, 분배하고,
일반화하여 자신의 영역으로 향상시킨다.

The senses collect the surface facts of matter. The intellect acts
on these brute reporters and obtains from them results which
are the essence or intellectual form of the experiences.
It compares, distributes, generalizes and
uplifts them into its own sphere.

⋮ 감각과 지능을 균형 있게 발달시켜라

우리는 6개의 감각을 가지고 있다. 눈으로 시각을, 귀로 청각을,
코로 후각을, 혀로 미각을, 몸으로 촉각을, 머리로 생각을 느낀다.
아이는 이 여섯 가지 감각 기관을 통해 세상과 소통한다. 이런 과
정을 충분히 거친 후에 아이는 여러 가지 경험적 사실들을 분류하
고 일반화하는 지능, 즉 이성을 갖게 된다. 이성을 갖는 과정에서
는 고등 교육이 중요하다. 그러나 우선적으로 놀이와 생활을 통해
여섯 가지 감각을 고르고 바르게 쓰는 훈련이 충분히 이루어져야

이성적 능력이 균형 있게 발달한다.

여기서 중요한 것이 조화로운 활동이다. 아이마다 개인적인 능력의 차이가 있고, 처리할 수 있는 정보의 양은 한정되어 있다. 감당할 수 없이 많은 정보를 제공하는 것은 아이에게 정신적으로나 육체적으로나 부담과 혼란을 준다. 기본이 중요하다. 육감을 고루 자극하고 활동시키는 놀이와 학습, 그리고 규범이 잘 지켜진 생활 교육이 기본이다. 기본적인 활동을 조화롭게 갖는 것은 아이의 지능뿐만 아니라 인성과 건강 발달에도 좋다. 몸과 마음이 고루 발달하고 안정되었을 때 창의력이 높아진다. 따라서 지적 훈련에 지나치게 한정하는 것은 매우 위험하다.

49

사상과 형식은 시간 순서상 똑같지만,
발생 순서로는 사상이 형식을 앞선다.

The thought and the form are equal in order of time, but in the
order of genesis the thought is prior to the form.

⋮ 생각이 먼저다

여러 가지 생각이 틀을 갖춰 구체적인 사상이 되면 그것에 상응하는 형식을 만들 수 있다. 창의력이 발휘되려면 형식에 구애받지 않고 생각을 자유롭게 표현할 수 있는 조건이 먼저 마련돼야 한다. 기존의 학습은 형식에 생각을 짜 맞추는 방식이 주를 이루고 있다. 이런 교육 방식은 창의력을 높이는 데 효과가 없다.

단순한 모방으로는 아이가 세상의 변화 속도를 따라갈 수 없다. 이제는 변화를 창조하고 선도해야 한다. 창의적 인재가 절실하다.

창의적 인재는 먼저 자신의 생각을 확립하고 그것을 중심으로 형식을 변화시킨다. 자신만의 생각을 갖기까지는 산고의 고통이 필요하다. 닭이 알을 품듯이 정성을 들여 생각을 품는 과정이 필수적이다.

천재의 생각은 자발적이다.

⁞ 자발성은 창조적 상상력의 척도다

천재의 생각은 특별한 것이 아니라 마음속에서 자연발생적으로 넘쳐흐르는 것이다. 천재는 그 생각을 구체적인 이미지로 표현한다. 자발성spontaneity이 창조적 상상력의 척도라고 할 수 있다. 선행학습에 의한 교육에서는 이러한 자발성을 기대하기 힘들다. 선행학습은 학습 기술자를 만들 뿐이다. 이를테면 수학적 계산은 잘하지만 수학적 사고는 부족한 것과 같다. 첨단 과학이 주도하는 미래 사회에서 단순한 계산 능력이나 기술을 가진 인재는 도태될 수밖에 없다. 자동화 기술의 발달로 기계가 그 일을 더 잘하고, 실제로 인간을 대체하고 있다. 창의적인 지적 능력을 가진 인재만이 미래 사회를 주도할 수 있다.

자발성을 키우기 위해서는 10세 이전에는 불필요한 평가를 가능한 한 하지 않는 것이 좋다. 이미 정해진 정답을 요구하는 시험은 아이에게 모방을 요구할 뿐, 창의적인 생각이 들어갈 여지가 없다. 부모는 아이가 다양한 생각을 표현할 수 있는 자유로운 학습 환경을 만들어줘야 한다.

시를 만드는 것은 운율이 아니라 바로 운율을 만들어나가는 논의다.
사고가 매우 강렬하고 생생하면 식물이나 동물의 정신처럼
자신의 구조를 갖고 새로운 것으로 자연을 장식하게 된다.

For it is not metre, but a metre-making argument that makes a
poem, — a thought so passionate and alive that like the spirit of
a plant or animal it has an architecture of its own, and adorns
nature with a new thing.

⋮ 생각을 숙성시켜라

아이가 창의적인 생각을 표현하는 과정은 시인의 창작 과정과
비슷하다. 시인은 어떤 생각이나 느낌이 강렬할 때, 시상을 떠올리
고, 그에 맞는 형식의 시를 쓴다. 마찬가지로 아이의 마음속에 생
각이 먼저 일어나고, 그 생각이 강렬해지면 표현하게 되는 것이다.

중요한 것은 아이의 생각을 숙성시키는 과정이다. 아이가 충분
히 보고 느끼고 경험함으로써 마음속에 자연발생적인 느낌과 생
각이 우러나올 수 있게, 숙성시키는 시간이 필요하다. 아이는 아직

생명력을 키우는 단계이므로 부모가 조급한 마음을 버려야 한다. 우러나오지 않은 생각을 억지로 표현하게 하는 것은 아이의 자연스러운 지적 성장을 방해할 수 있다. 창의력이 발현되는 시기는 아이마다 다르므로 기다려주는 것도 미덕이다. 생각이 숙성되면 마침내 창조적인 상상력이 구현된다.

모든 생각은 유추적이고,
비유를 배우는 것은 곧 인생을 활용하는 것이다.

All thinking is analogizing,
and it is the use of life to learn metonymy.

유추와 비유를 훈련시켜라

생각을 한다는 것은 마음속에 떠오른 어떤 것을 다양한 이미지로 그리는 것이다. 다양한 이미지화는 떠오른 생각과 대상을 관계 짓고 비유하는 것을 의미한다. 다양한 대상으로 비유하지 못한다면 생각은 단순한 느낌일 뿐, 언어로 표현될 수 없다. 창의적인 생각은 선명한 물질적 이미지가 유추하는 정신 작용을 통해 비유로써 표현된 것이다.

유추하고 비유하는 훈련을 통해 아이는 지적으로 성장한다. 무엇보다 이런 지적 훈련을 통해 아이는 삶에서 가장 중요한 관계 짓는 법을 배울 수 있다. 아이가 세상과 관계를 맺으며 구체적으로 또는 추상적으로 표현하는 과정은 스스로 삶의 기술을 배우는 과정이기도 하다.

이 점에서 아이에게 문학적인 소양과 예술적인 감성은 매우 중요한 학습 영역이다. 인문학은 모든 학문 분야의 기본이다. 인문학적 상상력이 없다면 과학의 발전은 기대하기 힘들다. 아이들에게는 문과와 이과의 통합적 접근이 필요하다.

진심으로 이야기하는 사람이 만일 자신의 지적인 과정을 본다면,
모든 생각과 동시에 선명한 물질적 이미지가 마음속에서 떠올라,
생각의 의복을 제공하고 있다는 사실을 발견하게 된다.

A man conversing in earnest, if he watch his intellectual
processes, will find that a material image, more or less luminous,
arises in his mind, contemporaneous with every thought, which
furnishes the vestment of the thought.

⁞ 생각을 구체적인 이미지로 연결시켜라

아이의 생각이 충분히 숙성되면 아이는 그 생각을 구체적으로
표현하는 단계를 맞는다. 여러 가지 활동을 통해 보고 듣고 느끼고
체험한 것을 그림이나 말과 동작으로 자유롭게 표현하게 하라. 아
이들의 표현 방식은 각자 다르다. 삶의 환경이 다르고 특성과 자질
에 차이가 나기 때문이다. 그러므로 정형화된 비유나 추상화를 유
도하는 것은 바람직하지 않다. 아이들의 창의력을 발달시키기 위
해서는 다양한 생각과 표현을 인정하고 격려해야 한다.

한편 생각을 구체적인 이미지와 연결시키는 지적 활동은 아이의 감각을 자극하여 창의, 인성, 건강 등의 균형 발달에 매우 좋다. 구체화된 이미지들이 조화를 이루는 것은 바로 건강하다는 표시다. 그 이미지들이 특정한 감각에 편중되어 있다면 아이의 심리 상태가 불안하다는 증거다. 바른 표현을 하게 함으로써 아이의 비뚤어진 생각을 바르게 고칠 수 있다. 말로 표현하기 힘들어하는 아이는 그림을 그리게 하는 것도 좋다. 다양한 형상과 색깔을 통해서 마음의 상태를 조화롭게 유도할 수 있다.

사람은 반쪽에 불과한 존재다.
그의 표현이 나머지 반쪽이다.

The man is only half himself, the other half his expression

창의적인 표현으로 생각을 드러내게 하라

사회언어학자의 연구에 따르면, 사회적으로 성공한 사람들은 대부분 사용하는 어휘가 많다. 이는 그만큼 아이디어가 풍부하다는 것을 의미한다. 아이디어가 많은 사람은 그렇지 않은 사람보다 성공할 확률이 높다. 지금은 표현의 시대다. 표현은 자신을 알리는 가장 강력한 수단이다. 아무리 좋은 것도 표현되지 않으면 경쟁에서 사라진다. 표현은 가치를 부여하는 작업이다.

호기심이 많은 아이는 창의적인 표현으로 자신의 생각을 드러

낸다. 자연히 그 아이는 어휘 습득률이 높다. 또한 호기심은 관심과 집중력을 높여 창의력을 증진시킨다. 표현을 창의적으로 하는 아이는 세상을 능동적으로 해석하고 자신의 가치를 세상에 부여한다. 그 아이는 세상을 주도적으로 살 수 있는 능력의 절반은 얻은 셈이다.

아이가 표현력을 키우는 과정에서 부모는 아이가 어떤 표현을 하더라도 꾸지람을 하지 않는 것이 좋다. 꾸지람은 아이의 표현력을 막고 결국 상상력을 저해한다. 잘못을 지적하고 싶다면 지혜를 발휘해서 간접적으로 하는 것이 좋다. 아이의 인지 능력이 어느 정도 발달하면 때론 직접적인 따끔한 꾸지람도 효과가 있다.

지능의 법칙은 인간이 숨을 들이쉬고 바로 내쉬며,
심장이 피를 빨아들이고 바로 방출하는 원리,
즉 자연의 파동 법칙을 닮았다.

It seems as if the law of the intellect resembled that law of nature
by which we now inspire, now expire the breath;
by which the heart now draws in, then hurls out the blood,
— the law of undulation.

율동하는 자연의 법칙을 따르게 하라

지능, 즉 이성을 갖게 되는 지적 성장 과정은 자연의 법칙을 벗어날 수 없다. 자연의 법칙은 파동의 법칙이다. 파동의 법칙은 작용과 반작용, 집중과 이완, 일과 휴식 등으로 풀이되는 '율동하는' 자연의 법칙이다. 창조적인 능력은 생명의 리듬을 탈 때 가장 잘 발현된다. 자연의 창조 리듬은 직선적인 상승이 아니라 곡선적인 순환이다.

이것은 학습의 원리와도 같다. 뇌는 신체적 활동을 통해 수집된

많은 정보를 휴식과 수면 시간에 재정리하고 분류한다. 이러한 집중과 이완의 리듬을 활용하여 학습 계획을 세우는 것이 효과적이다. 뇌 활동의 리듬을 타면 아이의 창의력이 높아진다.

저 지평선에 보이는 재산은
모든 부분을 통합할 수 있는
시인의 눈을 가진 자만이 소유할 수 있다.

There is a property in the horizon which no man has but
he whose eye integrate all the parts, that is, the poet.

: 시인의 눈과 같은 상상력을 물려줘라

영화 〈파 앤드 어웨이Far and Away〉에는 미개척지에서 토지 불하 방식으로 말뚝을 먼저 꽂는 사람에게 토지를 나눠주는 장면이 나온다. 초기 미국 개척자들은 변경 개발 정책의 필요성으로 많은 땅을 소유할 수 있었다. 고대 왕들에게 비교될 만큼 큰 땅을 소유했지만 그들은 진정으로 그 땅을 영원히 소유할 수 없었다. 지금 그들은 한때 자신들의 소유물이라고 생각한 땅 속으로 사라져버리고 없다.

아이에게 큰 재산을 물려주는 것보다 세상을 통합할 수 있는 시인의 눈과 같은 상상력을 물려주는 것이 더 값지다. 21세기에는 이런 능력이 무엇보다 중요해졌다. 불필요한 많은 지식보다는 여러 지식들을 자신의 능력과 상황에 알맞게 꿸 수 있는 창조적 능력이 훨씬 가치 있다. 이 창조적 상상력이 진정한 재산이다. 이 재산은 누구도 가져갈 수 없기 때문이다.

세상은 끊임없이 변하고 있다. 세상의 가치도 변하고 있다. 창조적인 인재는 세상의 변화에 맞게 가치를 부여하는 능력을 가진 자다. 아이에게 재산을 물려주는 것도 중요하지만 그 재산을 가치 있게 사용할 줄 아는 능력을 물려주는 것이 더 중요하다. 그 능력이 없다면 재산은 모래 위에 쌓은 성과 다르지 않아서 언제든지 흩어질 수 있다.

시인은 대지와 바다를 분리하여,
자기중심적인 사고의 축에 따라 새롭게 배열한다.

Hi! The poet unfixes the land and the sea,
makes them revolve around the axis of his primary thought,
and disposes them anew.

⁞ 창조는 생명 활동이다

시인은 세상을 새롭게 통합하는 시적 상상력을 갖고 있다. 진실한 시인이야말로 진정한 천재다. 그의 상상력은 생기 없이 흩어져 보이던 고정화된 물질세계를 해체하고 자신의 중심 사고를 축으로 세계를 새롭게 재배열한다. 시인은 생명력 없이 분열되고 고정되었던 세계에 새로운 생명력을 부여한다. 그러면 세상은 다시 통일성 속에서 생기를 찾고 새로운 유기적 생명체로 탄생한다.

아이에게 상상력을 키워주는 것은 사물에 생명력을 부여하는 능력을 길러주는 것과 같다. 이것은 삶에 생기를 부여함으로써 활기 있는 삶을 살 수 있게 한다. 창조적 상상력은 생명의 흐름에 동참하는 생명 활동이다.

아이는 각자 자신의 세계를 만들어간다. 어떤 세계관을 갖느냐가 아이의 일생을 좌우한다. 세계관 형성 과정에서 창의, 인성, 건강 등 모든 학습 영역에서 통합적인 능력을 길러주는 것이 좋다. 창의력은 심신이 조화된 상태에서 가장 잘 발휘된다. 모든 자양분이 조화될 때 좋은 식물이 성장하는 것처럼 아이도 다양한 경험을 통해 바른 세계관을 튼튼하게 확립할 수 있다.

각각의 생각에 솔직히 순종하고, 각각의 현을 켜고, 원한다면
그 현을 세게 팅김으로써, 우리는 마침내 그 생각의 힘을 배운다.

By obeying each thought frankly, by harping on, if you all,
pounding on each string, we learn at last its power.

⋮ 생각의 담금질이 필요하다

평소 우리 마음은 고요하지 않고 번잡스럽다. 그러나 어느 순간
잡스러운 생각들이 사라지고 마음이 하나가 될 때가 있다. 그때 마
음속에서 번뜩이는 생각이 일어난다. 바로 천재성이 발현되는 때
다. 그러나 아무리 좋은 생각도 스쳐 지나가 버리면 의미가 없다.
창조적인 상상력은 이때 일어난 생각을 붙잡고 깊이 탐구할 때 생
긴다.

천재성이 결실을 맺기 위해서는 일련의 담금질 과정이 필요하

다. 때로는 그 생각을 따라가기도 하고, 때로는 강한 의구심을 갖고 그 근원을 파헤쳐 들어가야 한다. 이처럼 번뜩이는 생각이 어떤 의미 있는 결과를 가져오기 위해서는 그 생각을 되풀이하여 음미하고 숙련하는 과정이 필요하다. 그 생각과 맺고 있는 모든 관계와 그 변화를 숙고함으로써, 마침내 세상을 새롭게 창조할 수 있는 창의력을 얻을 수 있다. 천재는 노력으로 완성된다. 따라서 인내가 천재를 만든다.

모든 사고는 또한 하나의 감옥이다.

⋮ 아이의 세계관은 계속 변한다

아이의 의식은 크지 않다. 아이가 정신적으로 성숙해짐에 따라 의식은 확대된다. 지적 성장 과정은 끊임없이 새로운 의식을 쌓고 허무는 일의 반복이다. 새로운 사실을 알 때마다 아이의 세계관은 변한다. 또 다른 사실을 받아들이기 위해서는 기존의 세계관을 허물 수밖에 없다.

세상은 관념으로 존재하기 때문에, 생각은 세상을 보고 소통하는 눈이다. 또한 그 생각은 동시에 자신의 세계를 한정하는 감옥이기도 하다. 따라서 아이의 의식은 행동을 구속한다. 생각의 넓고 좁음에 따라 행동의 범위가 다르다. 삶의 변화에 맞춰, 아이가 융통성 있게 사고할 수 있는 정신 능력을 길러주는 훈련이 필요하다. 세상의 모든 것은 고정되어 있지 않고 끊임없이 변화하면서 새롭게 관계 맺는다. 어떤 사상으로도 이 변화하는 실체를 영원히 이해할 수 없다. 끝없이 의식의 한계를 깨부수고 자신을 변화시킬 힘을 아이에게 길러주자.

감각적인 사람은 생각을 사물에 순응시키지만,
시인은 사물을 그의 생각에 순응시킨다.

지적 능력에 따른 창의력을 개발하라

본능적인 감각이 발달한 아이는 자신의 감정이나 느낌을 원초
적으로 표현한다. 감정이나 느낌이 특정한 대상에 고정되어 표현
이 자유롭지 못한 것이다. 그러나 감성과 지성이 조화롭게 발달한
아이는 생각의 변화에 맞게 대상을 변화시키고 표현을 달리한다.
그 아이는 여러 가지 표현 대상을 자유롭게 재배치하는 능력이 발
달한 것이다.

본능이 발달한 아이에게는 본능을 억제하기보다는 오히려 다양

한 감각을 균형 있게 발달시키는 것이 좋다. 감각, 느낌, 감정 등을 자유롭게 표현하다 보면 아이에게 맞는 지적 능력이 발휘된다. 아이마다 지적 능력의 차이가 있으므로 부모는 이 차이를 인정하고 아이에게 맞는 창의력을 길러줄 수 있어야 한다.

감각이 발달하지 않은 아이는 시간이 필요하다. 아이마다 심신의 발달 시기가 다르기 때문에 부모는 인내심이 필요하다. 그리고 인간의 몸과 마음에는 보상 능력이 있기 때문에 어느 부분이 부족하면 다른 부분에서 그것을 보상하게 된다. 전체적인 조화에서 아이의 성장을 지켜보는 것이 좋다.

말은 무한한 마음을 표현하는 유한한 기관이다.

⁝ 언어 학습을 통해 창의력을 개발하라

화두話頭라는 말이 있다. 화두는 어떤 말이 있기 전의 생각을 말한다. 수행자는 화두 수행을 통해 언어와 의식 이전의 본성으로 돌아간다. 이 화두를 탐구하는 것이 학습의 한 방법이기도 하다. 화두 학습을 통해 무의식을 개발하고 진리의 세계로 나아갈 수 있다. 화두 학습의 한 방법으로 마인드맵mind map을 그려볼 수 있다. 하나의 생각을 중심으로 수많은 가지로 뻗어가는 생각을 적다 보면 어느 순간 번뜩이는 새로운 아이디어를 만날 수 있다. 이러한 과정을 거쳐 아이는 보다 원숙한 사고의 중심을 잡을 수 있다.

부모는 아이의 언어를 통해 아이의 심리 상태를 거꾸로 유추할 수 있다. 생각은 주로 말과 글을 통해 표현된다. 아이의 표현 능력을 높이는 것은 그 아이의 잠재능력을 높이는 것과 같다. 무의식 속의 많은 것들이 언어를 통해 나온다. 언어 훈련을 통해 거꾸로 무의식을 끌어내어 의식화할 수 있다. 무의식이 개발되면 창조력이 나온다.

한편 아이의 무의식은 단순한 언어 학습만으로 이루어지는 것이 아니다. 그것은 아이의 마음을 믿는 부모의 믿음으로부터 생긴다. 때로는 말없는 따뜻한 부모의 마음이 아이의 잠재력을 깨울 수도 있다.

조 화 와   균 형

IV

62

야성의 시대는 가고,
이제 이성과 감성의 시대가 온다.

The age of the quadrupeds is to go out,
the age of the brain and of the heart is to come in.

⋮ 이성과 감성의 조화에 집중하게 하라

일방적인 힘의 논리인 야성의 시대는 이제 갔다. 앞으로는 이성
과 감성이 화합하는 조화와 균형의 시대가 될 것이다. 동서양의 이
질적인 사상과 가치들이 서로 융합하고 새로운 문화를 형성해가
고 있다. 에머슨의 초절주의는 이러한 과정에서 이루어진 사상이
다. 다양한 민족들로 이루어진 미국이 새로운 정체성을 확립하고
통합을 이루기 위해서는 이성과 감성의 조화를 이루는 정신이 필
요했다. 우리 사회 역시 야성인 힘의 논리를 가지고는 사회 통합을

이룰 수 없다. 또한 감성만으로도 불가능하다. 사회 통합은 좌와 우를 없애고 중간을 만드는 것이 아니다. 좌와 우를 인정하고 함께 전체를 이루는 것이 진정한 통합이다. 사회 통합이 없으면 진정한 교육도 불가능하다.

교육에도 좌우의 균형이 필요하다. 이성과 감성이 조화된 교육을 위해서는 좌와 우의 교육 이념이 적절히 보상 관계를 이루어 전체를 이룰 필요가 있다. 문제는 진실성이다. 좌우를 막론하고 진실하지 않은 것을 가르친다면, 아이들의 이성과 감성이 조화롭게 성장할 수 없다. 더 이상 정치 논리로 교육을 보지 말고 진실이란 차원에서 어떻게 온전한 교육 시스템을 만들 것인지에 초점을 맞추자. 뇌 건강 차원에서도 이성적인 좌뇌와 감성적인 우뇌를 고르게 발달시키는 것이 건강과 지적 발달에 도움이 된다.

우리의 장점은 약점으로부터 자란다.

Our strength grows out of our weakness.

⋮ 약점에 감사하고, 장점에 자만하지 말라

에머슨은 수사슴에 관한 이솝 우화를 인용하면서 이 말을 설명했다. 한 수사슴은 평소 자신의 잘난 뿔을 자랑하고 자신의 못난 발을 탓했다. 그런데 사냥꾼이 나타나자 절체절명의 위기에서 자신의 못난 발로 생명을 건졌다. 그러나 수사슴은 그 후에 자신의 잘난 뿔 때문에 덤불에 걸려 죽게 되었다.

모든 사람에게는 장점과 약점이 있다. 장점이 지나치면 자만이 되기 쉽다. 칼을 잘 쓰는 자는 칼로 망하고, 머리를 잘 쓰는 자는 머리로 망하는 법이다. 약점이 사람을 성숙시킨다. 약점을 보완하기 위해 꾸준하게 노력하다 보면 오히려 발전의 기회를 갖게 된다. 예를 들어 박지성 선수는 평발이라고 한다. 그는 자신의 약점을 보강하기 위해 남들보다 더 열심히 꾸준히 노력했고, 결국 세계적인 선수가 될 수 있었다. 몸과 마음의 균형이라는 측면에서 장점과 약점을 볼 필요가 있다. 아이의 약점을 보완하고 장점의 지나침을 막으면 조화로운 성장이 가능하다.

64

모든 것은 극단으로 나아가려는 경향이 있다.

⠿ 균형을 잡아라

대부분의 현상은 물리 법칙으로 설명할 수 있다. 물리학적으로 구심력이 극대화되면 원심력이 작용한다. 자연 현상도 이와 같은 이치에서 모든 개별 현상은 극단으로 나아가려는 경향을 보인다. 그러나 자연은 전체적으로 균형을 유지하는 시스템을 갖고 있다. 극단적인 것들의 작용과 반작용을 통해 조화와 균형을 찾아간다.

우리 몸과 마음의 성향도 이와 같다. 어떤 것에 빠지면 그것에 극단적으로 몰두하는 경향이 있다. 그러나 한편으로 몸과 마음에

는 전체적인 균형을 유지하려는 항상성이 있기 때문에 일시적인
불균형을 통제하고 전체적인 균형을 잡게 된다.

　개인을 넘어 한 사회나 국가에서도 일부분의 극단적 움직임을
바로잡고 항상성을 유지하려는 경향이 있다. 교육에도 아이가 스
스로 중심을 잡을 수 있는 균형감을 키워주는 탄력적인 시스템이
중요하다.

인간 본성의 근본적인 비극은
많고 적음을 구별하는 것에 있다.

비교하지 말라

차별과 구별은 개별 생명 현상을 이루는 근본적인 작용이다. 구별하는 인식 작용이 없다면 독자적으로 세상을 살 수 없을 것이다. 그러나 이러한 분별은 또한 보다 큰 생명 공동체를 형성하는 데 장애가 된다. 각자 다른 분별 의식들이 서로 충돌하면서 갈등을 야기하기 때문이다. 따라서 우리는 의식을 끊임없이 확장하여 보다 큰 전체를 만드는 데 노력해야 한다.

아이들은 차별에 가장 민감하다. 다른 아이보다 적게 갖게 된다거나 적게 사랑을 받는다고 느끼면 바로 부정적인 반응을 보인다. 비교하는 것이 아이에게 가장 나쁜 영향을 미친다. 분별하는 인간의 근본적인 습성을 순화시키고 분별과 통합의 양면을 동시에 아우를 수 있도록 노력하라.

좋은 아이를 키우기 위해서는 먼저 부모가 좋은 사람이 돼야 한다. 아이에게 좋은 부모란 바른 인생의 길잡이 노릇을 하는 사람이다. 부모로부터 바른 길로 가도록 배우고 정신 교육을 잘 받은 아이는 세상의 시비와 분별에 잘 흔들리지 않고 중심을 잡을 줄 안다.

66

죄와 벌은 한 줄기에서 자란다.

Crime and punishment grow out of one stem.

진실한 삶이 최고의 교육이다

콩 심은 데서 콩 나고, 팥 심은 데서 팥 나는 것이 자연의 이치다. 죄와 벌은 씨와 열매다. 진실한 삶을 살면 진실의 열매를 맺고, 거짓되고 허황된 삶을 살면 그에 상응하는 해로운 열매를 맺기 마련이다.

아이에게 평소 바르고 진실한 생활이 얼마나 중요한지를 깨우쳐줘야 한다. 바르게 자란 한 아이가 세상을 구할 수도 있다. 반대로 진실하지 못한 한 아이가 자라서 세상을 망하게 할 수도 있다.

평소 아이들의 잘못에 대해서는 엄하게 다스릴 필요가 있다. 그런 의미에서 사랑의 매도 필요하다. 나쁜 짓을 하면 그에 상응하는 벌을 줘서 죄의 결과가 어떤 것인지 따끔하게 깨우쳐줘야 한다. 하지만 무엇보다 중요한 것은 부모 자신이 진실하게 사는 것이다.

또한 사회가 진실해야 아이가 진실하게 자랄 수 있다. 도덕적 해이가 많은 사회에서 아이가 바르게 자라기 힘들다. 물론 바른 사람들이 더 많기 때문에 아직도 사회가 건재하다. 침묵하는 다수의 착한 사람들에게 힘을 보태주는 사회적 구조를 만드는 것은 아이들 교육을 위해서도 시급하다.

67

우리는 이따금 동료의 표정 변화를 보고 그의 아버지나 어머니가,
때로는 먼 친척이 그의 눈에 나타난다고 말한다.

We sometimes see a change of expression in our companion,
and say his father or his mother comes to the windows
of his eyes, and sometimes a remote relative.

⋮ 아이는 가족 전체로부터 영향을 받는다

가족은 생활 습관이 비슷한 사람끼리 모인 집단이다. 가족은 서
로 비슷한 모습, 체질, 체형, 성격 등을 갖고 있다. 심지어 몇 대 전
의 조상의 모습을 엿보기도 한다. 이것은 유전학적으로 가능한 설
명이다. 조상의 유전자가 후대에 전해졌기 때문이다.

한 아이의 미래를 엿보고 싶다면 그 아이의 부모와 형제, 또는
친척을 보라. 가족의 생활 습관이 그 아이에게 이어지고, 그것이
또한 그 아이의 미래를 결정한다. 그러므로 아이의 미래를 긍정적

으로 바꾸고 싶다면, 아이뿐만 아니라 아이와 관련을 맺고 있는 모든 가족의 생활 습관을 바르게 해야 한다. 조화로운 인재를 만드는 데는 가족의 영향이 가장 크다. 만약 가족이 없다면 가족을 대신할 수 있는 친구, 선배 등의 영향이 클 것이다.

이런 관점에서 편부모나 사회적 소외자들을 위한 사회적 배려가 필요하다. 크게 보면 사회 전체가 한 가족이다. 사회가 전체적으로 조화와 균형을 이루고 있으면 아이가 그 영향을 자연스럽게 받을 것이다. 좋은 사회에 좋은 구성원들이 많은 것은 너무도 당연한 이치다.

68

우리는 아이를 선생님께 보내지만,
그 아이를 교육하는 것은 바로 또래 학생들이다.

You send your child to the schoolmaster,
but 'tis the schoolboys who educate him.

⦂ 좋은 친구는 좋은 스승이다

아이의 교육을 위해서는 좋은 학교에 보내는 것보다 좋은 선생님을 만나는 것이 낫다. 또한 좋은 선생님을 만나는 것보다 좋은 친구를 사귀는 것이 가장 좋다. 아이들은 또래 친구들과 놀면서 공부하고 인생을 배운다. 관포지교(管鮑之交3)에서 볼 수 있듯이, 좋은 친구는 일생을 통해 가장 큰 영향력을 발휘한다.

아이들이 좋은 친구 관계를 유지할 수 있도록 환경을 조성하는 것이 중요하다. 무엇보다 아이들이 학습 이외의 다양한 활동을 통해 함께 어울릴 수 있는 충분한 시설과 모임이 사회에 있어야 하겠다. 좋은 교육 환경은 우리 모두가 함께 참여하고 노력해야 만들 수 있다.

---

3) 춘추시대 제(齊)나라의 관중과 포숙의 우정. 관중은 오만하고 당찼고 포숙아는 어질고 단정했다. 둘은 성격이 달랐지만 같이 장사하면서도 서로 이익에 구애받지 않았다. 후에 관중은 제나라 군주인 양공의 공자 규를 돕고, 포숙아는 규의 이복동생인 소백을 도움으로써 뜻하지 않게 두 사람은 정적이 된다. 관중은 소백을 암살하려 했으나 실패하고, 소백이 왕위를 이어 제 환공이 되자, 관중은 처형될 위기에 처했다. 이때 포숙아가 관중의 목숨을 구할 뿐만 아니라 그를 재상에 추천했다. 환공은 포숙아의 건의대로 관중에게 정사를 맡겼다. 그들의 우정은 여기서 끝나지 않는다. 관중의 임종이 멀지 않자 환공은 포숙아를 재상으로 삼으려 했다. 이때 관중은 반대했다. 재상의 자리는 선악이 중첩된 사안을 처리해야 하는데 착하기만 한 포숙아에게는 생명의 위협이 될 수도 있기 때문이었다. 포숙아는 나중에 이일을 알고 분노하지 않고 오히려 기뻐했다. 관중이야말로 진정으로 자신을 알고 자신을 위한 친구라 생각했기 때문이다. 돈과 권력을 탐하는 요즘 같은 시대에 생각해볼 만한 우정이다.

교육의 목적은
삶의 목적과 부합해야 한다.

The great object of education should be commensurate
with the object of life.

⋮ 보편적인 삶의 목적에 부응하는 것이 교육이다

모든 연구는 기본적으로 인간의 삶의 질을 향상하기 위한 것이
다. 달리 말하면 모든 학문은 인간에 관한 연구라 할 수 있다. 교육
또한 보편적인 삶의 목적에 부응해야 한다.

아이가 보편적인 도덕률과 삶의 진실을 배워야 자연의 섭리에
부응하게 된다. 사랑과 자비, 평화 같은 보편적인 정신이 교육과
삶의 목적이 될 때, 아이는 바르게 자랄 수 있다. 보편적인 삶의 목
적을 가지고 자란 아이가 널리 인간을 이롭게 하는 법이다.

사회의 조화와 균형이 삶의 보편적 목적이라고 할 수 있다. 세상에 폭력이 난무하는 것은 부富가 편중되어 있고, 권력이 편중되어 있고, 식량이 편중되어 있기 때문이다. 자연의 이치는 끊임없는 순환을 통해 편중된 것을 조화시키고 균형 잡는다. 그러나 인간은 불균형을 좋아한다. 여기에 인간의 비극이 있다. 교육은 궁극적으로 인간의 심리를 순화시켜 평화를 가져오는 지혜를 길러주는 것이 되어야 한다.

시가 갖는 최고의 가치는 우리를 도달하기 힘든,
자체 한계를 넘는 높은 수준으로 교육시키는 것
— 즉, 질서와 미덕에 복종시키는 것이다.

The supreme value of poetry is to educate us to a height
beyond itself or which it rarely reaches, —the subduing
mankind to order and virtue.

⋮ 도덕과 질서 의식은 교육의 핵심이다

좋은 시는 인간의 감성과 지성을 높은 수준으로 고양시켜 인간
의 덕성을 함양시킨다. 교육의 목표는 시의 최고 가치와 일치한다.
덕성은 감성과 지성이 균형을 유지해야 조화를 이룬다. 덕성이 조
화롭게 발달한 아이는 사회 질서와 미덕을 유지하는 데 이바지할
수 있다.

지금과 같은 입시 위주의 교육은 아이의 감성과 지성을 조화롭
게 발전시킬 수 없다. 현실적으로 입시를 없앨 수는 없다. 따라서

도덕과 질서 의식을 높이는 덕성 교육은 입시에서 자유로운 10세 이전에 생활 교육을 통해 어느 정도 틀을 잡아놓는 것이 좋다. 그런 의미에서 초등학교까지의 교육이 인생에서 가장 중요하다.

도덕적 질서 의식이 없다면 사회는 공멸할 수밖에 없다. 아이가 공부만 할 줄 알고 자신 밖의 세상에 대한 배려가 없다면 그 아이는 장차 사회에 큰 해악이 될 수도 있다. 그렇게 되면 결과적으로 그 아이 자신도 큰 낭패를 볼 수밖에 없게 된다.

우리가 추구하는 균형을 위해서는
사회 전체가 필요하다.

개인과 사회의 총체적인 균형이 중요하다

조화롭게 균형 잡힌 아이의 삶을 위해서는 사회 전체의 노력이
필요하다. 우선 가정이 바로 서야 한다. 부모가 바른 삶을 살지 않
는다면 아이가 바르게 크기 힘들다. 학교가 바로 서야 한다. 교사
가 중심을 잡고 있지 않으면 아이가 균형을 유지하기 힘들다. 나아
가 사회가 바로 서야 한다. 사회가 특정인들의 정치, 경제의 희생
양이 돼선 아이에게 바른 삶을 가르칠 수 없다. 개인과 사회 모두
의 총체적인 균형이 중요하다.

개별적인 상황에서는 오히려 불균형이 필요할 때도 있다. 중요한 것은 부모, 교사, 학생, 학교, 그리고 사회가 모두 전체적인 통일성을 이루면서도 다양성을 구현하고자 하는 조화와 균형의 정신이다. 의식하든 의식하지 못하든 간에 우리 모두가 교육에 직접적으로 또는 간접적으로 관련되어 있다.

세상이 품은 모든 비밀은 인간과 사건 사이의 관계에 있다.
인간은 사건을 만들고, 사건은 인간을 만든다.

The secret of the world is, the tie between person and event.
Person makes event, and event person.

건전한 선순환 관계를 만들어라

관계는 사람의 운명을 결정하는 주요 요인이다. 아이가 일상생활 속에서 다른 사람과의 관계를 조화롭게 맺을 수 있도록 도와야 한다. 가장 기본적인 관계는 가족에서 시작된다. 가족 관계가 튼튼한 아이는 친구 관계에서도 자신감을 보인다. 또한 아이들은 친구들과 함께 어울려 놀면서 관계를 확장해나간다.

아이의 건전한 인간관계가 가족, 친구, 학교, 그리고 사회로 확대되면서 사회 전체가 건강해진다. 건전한 관계가 많으면 많을수록 사회에 좋은 일이 많이 생기기 때문이다. 좋은 사람들은 좋은 행동을 하고, 좋은 행동은 좋은 일을 만들고, 좋은 일은 다시 좋은 사람들을 만들면서 선순환을 한다.

넓고 크게 보면 사회 전체가 가족이라고 할 수 있다. 결손 가정의 문제는 보다 큰 가족인 사회가 채워줄 수 있다. 요즘 농촌을 중심으로 다문화 가정이 늘고 있고 문화적인 차이 때문에 갈등도 많이 생기고 있다. 이 갈등은 우리 사회 전체가 함께 보듬고 해결할 문제다. 비록 이 갈등으로 일시적인 어려움은 있겠지만, 이 위기를 극복하면 보다 건강한 사회로 발전할 수 있다.

내 본성 이외에 어떠한 법칙도
내게 신성하지 않다.

No law can be sacred to me but that of my nature.

⋮ 내면의 진실로부터 지혜를 얻게 하라

마음의 고결성, 즉 자신의 양심에서 우러나온 내면의 진실이 다른 어떤 가치보다 우선한다. 옳고 그름은 사회적 통념이나 기준이 아니라 각 개별 상황에 좌우되는 것이 삶의 이치다. 그 판단의 척도는 바로 각자의 진실한 마음이다. 진실한 마음은 사회적 통념을 넘어 보편 정신에 이르게 한다.

어떤 이가 사회적 권위를 앞세워 위선적으로 산다면, 그 사람은 자신의 본성을 위반하며 사는 것이다. 그는 표면적으로 이득을 볼

지 모르지만 내면적으로는 자기의 본성을 상실하게 된다. 그 피해는 사회 전체에도 크게 미친다. 그 결과 언젠가 스스로 소외될 것이다. 우리의 본성은 모든 것을 지켜본다. 양심의 가책은 누구도 피할 수 없다. 삶의 진실만이 인간의 본성을 지켜줄 수 있다. 아이가 양심을 지키며 진실한 삶을 살 수 있는 지혜와, 세상의 시련과 고통을 극복할 수 있는 정신력을 동시에 길러주자.

74

인간은 개인적인 본성의 말馬과
공적인 본성의 말馬을 번갈아 탄다.

A man that rides alternately on the horses of his private
and his public nature.

⋮ 공과 사를 구분하게 하라

우리의 삶은 공公과 사私가 함께 얽혀 있다. 공사의 구별을 분명
하게 하지 않으면 개인은 물론이고 사회가 부패한다. 개인의 이익
과 사회 전체의 공익, 개인의 개성과 공동체의 규범 등 공과 사의
충돌을 어떻게 조화시키느냐가 개인과 사회 공동체 모두의 행복
과 번영을 좌우한다.

요즘엔 아이 하나만을 둔 가정이 많다. 지나친 사랑으로 예의
범절 없이 자란 아이는 공과 사를 제대로 구별하기 어렵다. 그런

의미에서 사랑에도 절제가 필요하다. 절제된 사랑으로 아이의 개성을 충분히 살리면서도 다른 사람에게 피해가 가지 않도록 교육해야 한다. 또한 개인의 이익이 지나치면 사회의 부담이 될 수 있으므로, 아이가 공익과 사익을 조화롭게 유지하는 인성을 갖추도록 교육하라. 지나치게 공익을 추구하는 교육은 삭막해지기 쉽고, 반대로 지나치게 사익을 앞세우는 교육은 사회의 질서를 무너뜨린다.

모든 이익에는 의무가 있다.

⦂ 가진 것에 대한 도덕적 의무를 가르쳐라

모든 이익에는 그 이익으로 인한 희생이 반드시 존재한다. 한 쪽의 이익이 클수록 다른 쪽의 희생도 크다. 노블레스 오블리주 Noblesse oblige[4]라는 가진 자의 도덕적 의무가 사회적으로 크게 요구 되는 규범이 되고 있다.

역사에서 볼 수 있듯이, 한 나라 또는 한 제국의 멸망에는 가진 자들의 지나친 탐욕과 해이해진 도덕적 의무가 결정적인 역할을 했다. 계층 간에 자유로운 소통과 이익의 적절한 재분배가 활발하게 이루어진 국가는 융성했다. 반대로 계층 간에 소통이 단절되고 권력과 이익이 일부 특정 집단에 집중된 국가는 예외 없이 망했다. 기업도 예외는 아니다. 기업의 이익은 관련 직종의 직원과 소비자로부터 나온다. 따라서 이익을 적절한 형태로 재분배하는 것은 다시 소비로 이어져 기업을 살리는 길이기도 하다.

아이들이 가진 것에 대한 도덕적 의무를 다하도록 가르치는 것은 미래 사회를 건강하게 유지시키는 비결이다.

---

4) 원래는 귀족의 도덕적 의무를 지칭한 말이지만, 자본주의 사회에서는 가진 자의 도덕적 의무로 그 의미가 확대됨.

자연은 독점과 예외를 싫어한다.

⠿ 나눔과 봉사의 정신을 가르쳐라

인간은 자연의 본성과 떨어져 살고 있지만 자연의 법칙을 거스를 수는 없다. 인간은 독점과 예외를 좋아한다. 그러나 자연은 그렇지 않다. 자연의 법칙은 변화의 법칙이기 때문이다. 자연은 고정화된 독점과 예외를 없애고 전체적인 균형을 잡는다.

이는 인간 사회에서도 필요하다. 특정한 개인이나 집단이 일시적으로라도 권력이나 자본을 독점해서는 안 된다. 그 독점이 지나치고 오래되면 예외 없이 거센 저항에 직면하게 된다. 크게 보면 독점하고자 하는 인간의 욕망도 전체적인 균형을 잡으려는 자연 법칙에 지배된다. 독점하고자 하는 힘은 더 큰 자연의 힘에 의해 그 힘을 상실할 수밖에 없다.

넘치기 전에 비우고 나누는 지혜가 필요하다. 아이들에게 나눔과 봉사의 정신을 가르치는 것은 조화로운 사회를 만드는 초석이다. 봉사는 사회를 살리는 동시에 자신의 건강과 행복을 유지시키는 비결이다.

침착함과 생기生氣는
신사의 증표다.

Repose and cheerfulness are the badge of the gentleman.

∴ 일상의 삶 속의 고상한 생각

에머슨의 신사 정신과 우리 선조의 선비 정신은 유사하다. 그 핵심은 평범한 일상의 삶 속에서 고상한 생각과 행동을 유지하는 것이다. 이러한 삶을 위해서는 생활 속에서 침착함을 유지하는 동시에 생기를 잃지 말아야 한다. 침착과 생기는 서로 상반된 힘이다. 그러나 생기 없는 침착함은 무미건조하고, 침착함 없는 생기는 지나치게 자유분방하다.

상반된 두 힘을 조화롭게 균형 잡고 마음의 고요함을 이루어야 한다. 삶의 모순 속에서 균형을 잡고 고요함을 유지할 수 있다면 인생에서 더 바랄 것이 없다. 고요함을 얻는 것이 최고의 성공이다.

아이가 침착하면서도 생기를 잃지 않게 교육하는 것은 동심을 유지하면서도 성숙한 통찰력을 갖게 하는 교육의 이상과 일치한다. 선비와 신사가 비록 외형적으로 다른 모습을 갖고 있지만 삶의 진실을 향한 내면의 모습은 근본적으로 비슷하다.

양극성, 즉 작용과 반작용을
우리는 자연의 모든 부분에서 만난다.

⦂ 삶의 모순을 균형 있게 관찰하게 하라

자연은 빛과 어둠, 안과 밖, 긍정과 부정, 수컷과 암컷 등 서로
모순된 양극적인 요소들의 작용과 반작용으로 이루어져 있다. 인
간 사회도 대칭적 이익 구조의 갈등과 소통으로 이루어진다. 한편
모든 것에는 공功과 과過의 양면이 동시에 있기 마련이다. 삶의 양
면적 모순을 해결하기 위해서는 부분과 전체, 표면과 이면을 아우
르는 총체적 사고가 필요하다.

어려서부터 삶의 총체적 진실을 보는 양면적 시각을 가질 수 있

게 가르쳐야 한다. 오염된 세상 여론에 휘말리지 않고 자유롭고 건강하게 살 수 있도록 아이에게 균형감을 길러주라. 양면적 사고는 삶의 이중성을 균형감 있게 관찰하는 중용의 지혜다. 이 중용의 지혜를 통해 아이는 일방적인 원칙이나 규칙에 얽매이지 않고 현재의 상황을 가장 적절하고 합리적으로 해석하여 자신의 생명과 행복을 지킬 수 있다.

모든 것은 한 면과 다른 한 면이 맞붙은 양면으로 되어 있다.

관계에 따른 적절한 역할을 가르쳐라

우리 몸은 앞과 뒤, 오른쪽과 왼쪽, 위와 아래가 서로 관계를 맺으면서 전체를 이룬다. 또한 몸과 마음이 서로 붙어 있다. 부부는 남편과 아내가, 가족은 부모와 자식이 관계를 유지하며 존재한다. 한 면과 다른 한 면이 맞붙어 전체를 이루는 이치는 자연과 인간 세상이 모두 같다.

이런 관계의 이치를 아이들에게 가르쳐라. 아이는 학교에서는 학생이지만 집에 돌아가면 자식이다. 관계에 따라 역할이 달라진다. 사회적 지위에 따른 역할을 혼동하게 되면, 사회적 혼란을 일으키는 경우가 많다. 학생으로서 지켜야 할 본분과 사회인으로 누려야 할 권리와 의무는 다르다.

편향적인 시각으로는 세상을 총체적으로 바르게 볼 수 없다. 세상의 빠른 변화에 바르게 대처하기 위해서 아이는 세상의 양면을 바로 보는 균형적인 시각을 갖추어야 한다. 조화와 균형의 교육 정신이 아이의 균형 성장에 무엇보다 중요하다.

홀로 아름다운 것은 없으며,
전체 속에서 아름다울 뿐이다.

전체와 조화하는 법을 가르쳐라

부분과 전체가 어울린 조화 속에 아름다움이 존재한다. 교육의
성패도 한 개인의 부분적인 자질을 전체적인 능력과 조화시키는
정도에 달려 있다. 다양한 교육 프로그램이 서로 유기적인 역할을
통해, 부분과 전체의 통합을 이루어 한 개인을 독립된 완전한 인격
체로 만든다. 더 나아가 각 개인의 다양성을 사회 공동체의 통일성
으로 승화시킬 수 있을 때 가장 의미 있는 교육이 된다.

이 목적을 위해서는 통일성 속에서 다양성을 인정하고, 다양성

속에서 통일성을 만드는 균형과 조화의 정신이 무엇보다 필요하다. 일방적인 교육보다는 상호 보완적인 교육이 중요한 이유다.

아이의 다양한 개성과 아이가 속한 공동체의 통일성은 서로 모순되는 것처럼 보이지만, 새로운 관점으로 이 문제를 볼 필요가 있다. 자연에서 우리는 지혜를 배울 수 있다. 자연의 모든 꽃들은 각기 아름다움을 뽐내지만 서로 시기하지 않는다. 오히려 각기 다른 아름다움이 전체적인 조화를 이루며 균형을 이루고 있다.

화음의 법칙은
조화를 이룬 색채에서
다시 나타난다.

The law of harmonic sounds
reappears in the harmonic colors.

⦂ 조화는 미의 기본 법칙이다

조화와 균형은 자연의 법칙인 동시에 예술과 문학의 기본이기
도 하다. 조화롭게 균형을 이루고 있는 것은 아름답다. 소리가 조
화를 이루면 한 편의 아름다운 음악이 된다. 채색이 조화를 이루면
한 폭의 아름다운 그림이 된다. 인체의 앞과 뒤, 오른쪽과 왼쪽, 그
리고 위와 아래가 균형을 이루고 있으면 아름답다. 다양한 교육이
조화를 이루면 한 인간을 완전한 사람으로 성장시킬 수 있다. 완전
한 인간은 조화롭다. 조화로운 인간은 아름답다.

아이의 개성과 능력을 조화롭게 키우기 위해서는 부모의 노력도 필요하지만, 무엇보다 사회 전체적으로 다양한 가치를 포용하는 관용의 정신이 필요하다. 하나의 생명이 온전히 자라기 위해서는 빛, 공기, 물 등 모든 자양분들이 조화롭게 공급되어야 하듯이, 한 아이가 조화롭게 성장하기 위해서는 가정, 학교, 사회 등 모든 구성원들의 다양한 가치와 시각이 필요하다.

지
혜

V

지혜의 변하지 않는 특징은
평범함 속에서 기적을 보는 것이다.

The invariable mark of wisdom is
to see the miraculous in the common.

지혜는 진실한 삶에서 나온다

우리는 진리를 먼 곳에서 찾는다. 그러나 진리는 편재한다. 어느
곳에나 진리는 존재한다. 우리가 진리를 보지 못하는 것은 진리가
우리 곁에 없기 때문이 아니다. 그것은 우리에게 진리를 볼 수 있
는 지혜의 눈이 없기 때문이다. 예를 들어 물리학적 발견들은 과거
에는 기적으로 여겨지던 것들이다. 그러나 그 기적들은 이제 자연
스러운 현상이 되었다. 물리학적 지혜가 기적을 평범한 현상으로
바꾼 것이다. 교육의 가장 큰 목표는 무지의 어둠을 밝히는 지혜를

길러주는 것이다. 그런데 그 지혜는 일상의 삶을 진지하고 진실하게 사는 데서 나온다.

아이의 개성과 능력도 특별한 곳에 있는 것이 아니라 바로 자신 속에 있다. 아이의 평범한 일상 속에 건강과 행복, 나아가 성공의 비결 등 모든 것이 있다. 부모 눈높이에 맞는 특별한 곳에서 아이의 개성과 능력을 찾아서는 안 된다. 아이가 평범한 일상 속에서 자신의 개성을 깨닫게 하는 것이 자연스럽다. 그런 의미에서, 아이가 스스로 자신의 생활 습관을 주의 깊게 관찰하는 습관이 중요하다. 평소의 생활 습관이 아이의 건강과 운명을 좌우한다.

마음은 현재에 살고 있으며,
과거와 미래를 현재의 시간으로 흡수한다.

[A mind lives now and absorbs past and
future into the present hour.]

현재 속에 과거와 미래가 있다

우리는 현재에 살고 있다. 과거와 미래는 단지 관념으로 존재할
뿐이다. 과거가 의미를 갖는 것은 현재와 관련을 맺고 있기 때문이
다. 또한 우리가 밝은 미래를 희망하는 것도 그것이 현재의 고통을
달래주기 때문이다. 현재라는 시간 속에 과거와 미래가 동시에 존
재한다. 현재를 중심으로 아이들에게 과거와 미래를 생각하는 습
관을 길러주어라.

아이의 현재 모습에는 과거와 미래가 모두 있다. 과거에 누적된

바르지 못한 습관을 고치고 싶다면, 현재의 습관을 바르게 지도하는 길밖에 없다. 아이의 장래가 궁금하면 다른 사람한테 물어볼 필요가 없다. 현재 습관이 바로 장래 그 아이의 모습이기 때문이다. 아이의 밝은 미래를 위한다면 바로 지금의 생활 습관을 바르게 지도해야 한다. 오늘 할 일을 내일로 미루는 순간, 바르지 못한 습관이 계속 이어지고 운명이 개선될 수 없다.

우리는 매 순간 일을 하니,
지금 이 순간을 최대한 활용하라.

Since our office is with moments, let us husband them.

순간에 집중하게 하라

우리는 많은 시간을 낭비하며 산다. 요즘은 백세 시대라고 하지만 실제 정신을 차리고 사는 시간은 몇 년 안 될 것이다. 대부분의 시간을 잠자거나 쓸데없는 생각이나 걱정을 하느라 낭비하고 있다. 하루 적정 수면 시간을 7시간 정도라고 하면 나머지 시간을 잘 보내는 방법은 잡념을 줄이는 것이다.

잡념을 줄이는 가장 좋은 방법은 현재 자신이 하는 일에 집중하여 매 순간 최선을 다하는 것이다. 현재에 집중하면 결과적으로 잡

넘이 줄어들고 건강해진다. 아이가 현재에 집중할 수 있도록 도와라. 지혜는 현재 이 순간에 있다.

아이의 집중력은 길지가 않다. 따라서 집중력을 높이는 방법은 관심과 호기심을 효과적으로 유지시키는 데 있다. 학습, 놀이 등의 활동을 아이의 생체 리듬에 맞게 조절하는 것이 중요하다. 무엇보다 아이는 휴식이 필요하다. 충분한 휴식을 통해 아이들은 성장한다. 생체 리듬과 능력에 맞게 적절하게 학습 과정을 짠다면 아이는 현재의 시간에 최대한 집중할 수 있다.

가장 추상적인 진리가 가장 실질적이다.

⋮ 가장 구체적이고 실질적인 진리는 인문적 소양에 있다

우리는 보통 구체적인 숫자나 수학적 기호로 나열된 수학이 가장 구체적인 사실을 가리키는 것이라고 생각한다. 그러나 사실 수학은 전제가 있는 추상적인 학문이다. 예를 들어 수평을 이루고 있는 두 선은 만나지 않다고 알고 있다. 하지만 이것은 절대 평면이라는 가정 위에서 존재한다. 우리 지구는 둥글고 더군다나 울퉁불퉁하다. 이 때문에 지구 상에서는 평행선도 만날 수 있다.

또 다른 예를 들어보자. 삼각형 내각의 합은 180도다. 하지만 이것을 현실에 적용해보면 그렇지 않을 수 있다. 원구체인 지구 상에서 크게 임의의 세 점을 잡고 삼각형을 그려보자. 그러면 내각의 합이 180도를 훨씬 넘게 된다. 현실 속에서 절대 평면은 존재하지 않는 관념일 뿐이다.

그러나 사랑과 자비와 같은 추상적인 말들은 인간관계를 조화롭게 유지시키는 가장 구체적이고 실질적인 진리다. 인문학적 소양이 세상을 살아가는 데 아이들에게 가장 필요한 실질적인 지혜인 셈이다.

우리 인생은 끝없이 원을 그리며
진실을 향해 나아가는 수습 기간과 같다.

⁞ 인생은 끝없는 진리의 수습 기간이다

우리는 진리를 향해 나아가고 있다. 각자 진리로 나아가는 상황과 정도가 다를 뿐이다. 인생의 무수한 길에서 자신이 선택한 길이 끝나면 또 다른 갈림길에서 새로운 선택을 한다. 각각의 길은 우리의 삶에 끊임없는 원을 이루며 이어진다.

진리로 나아가는 삶은 물에 비유될 수 있다. 모든 물은 아래로 흐르고 장애를 만나면 돌아가고 때로는 고여 썩기도 한다. 그러나 물은 결국 넓은 바다에 이른다. 진리로 향하는 우리의 삶 또한 모든 인생 역정을 거쳐 결국 진리의 큰 바다에 이르게 된다는 점에서 물의 이치와 같다.

한 아이가 자라서 성숙한 인간이 되기 위해서는 수많은 운명의 시련을 견뎌야 한다. 꽃 한 송이가 피기 위해서도 자연은 수많은 고통과 변화를 제시한다. 인생 전체를 시련과 고통을 극복하는 수습 기간으로 생각한다면, 아이의 삶에 나타나는 수많은 좌절과 장애를 보다 쉽게 극복할 수 있는 용기가 생긴다.

"우리가 아는 것은 우리가 모르는 것의 한 점에 불과하다."[5]

무의식은 지혜의 창고다

광대한 우주와 삶의 신비에 비하면, 인간이 아는 것은 극히 일부분이다. 인간이 알고 있는 것은 크게 의식과 무의식으로 나누어진다. 의식은 시각, 청각, 후각, 미각, 그리고 촉각이라는 오감을 통해 느낀 것을 받아들여 인간이 종합적인 사고를 하게 만든다. 에머슨은 시인의 상상력을 인간의 최고 정신 작용이라고 본다. 그러나 아무리 의식 수준이 높고 상상력이 자유로워도 무의식의 세계에 비하면 그 폭과 깊이가 너무 좁고 얕다.

위대한 발견은 바로 무의식을 개발하는 것에 있다. 무의식 속에는 인류의 모든 지혜가 담겨 있다. 아이의 무의식을 개발하기 위해서는 학습과 휴식, 집중과 이완이 조화를 이루면서 리듬을 가져야 한다. 적당한 지적, 예술적 활동과 더불어 운동, 걷기, 자연과의 교감 등이 어우러져야만 한다. 천재들의 위대한 발견 가운데 많은 것이 무의식에서 떠오른 생각에서 비롯되었다.

5) 에머슨은 이 말을 로버트 플러머 와드(Robert Plumer Ward)의 소설 「트레마인(Tremaine)」에서 취해서 1827년 11월 자신의 일기에 기록했다.

티끌만 한 지혜에도
티끌만 한 어리석음이 있다.

For every grain of wit there is a grain of folly.

⋮ 전체 상황을 이해하게 하라

인간의 지혜는 단편적이다. 그러나 우리가 사는 세상은 전체로
이루어졌기 때문에 단편적인 지혜로 전체를 이해하기 힘들다. 아
무리 훌륭한 지혜도, 그것이 통찰할 수 없는 이면이 존재하는 법
이다.

특히 교육에서는 특정 교과 중심으로 학습하면 전체를 보게 하
는 균형적인 시각에 장애가 된다. 우리는 단편적으로 아이를 지도
하기 쉽다. 그러나 상황에 따라선 한쪽으로 치우친 지혜가 어리석

음이 될 수 있다.

전체 상황을 이해하는 능력을 길러주는 것이 중요하다. 많은 재난 사고에서 아이들이 희생당하는 가장 큰 이유는 전체 상황을 파악하는 능력이 부족하다는 것이다. 위기 시 행동 요령도 중요하지만 상황 파악 능력이 제일 중요하다. 지혜는 가변적이다.

선善은 어느 정도 날카로워야 한다.
그렇지 않으면 아무것도 아니다.

Your goodness must have some edge to it, else it is none.

지혜의 검은 날카로우면서 부드럽다

아이들은 착하게만 세상을 살 수 없다. 아이들에게는 선善을 지
킬 수 있는 지혜의 칼이 필요하다. 공자는 모든 사람에게 좋은 소
리를 듣는 사람은 좋은 사람이 아니라고 말했다. 나쁜 것에는 강하
게 거부할 수 있는 힘이 아이들에게 필요하다.

선의 한 면은 부드럽고 반대 면은 날카롭다. 부드러운 면은 사람
을 살리는 생검生檢이며, 날카로운 면은 사람을 죽이는 사검死檢이
다. 착한 사람들에게 선은 생기를 불어넣는 부드러운 미풍이다. 그

러나 악한 이들에게 선은 정의가 되어 그들을 쓸어버릴 돌풍이다. 아이가 나쁜 사람으로부터 자신을 지키기 위해서는 선이 지닌 양날의 검을 휘두를 지혜와 용기가 필요하다.

선을 지키고 악을 막는 지혜를 길러주는 데 독서만큼 좋은 것도 없다. 스스로 읽기가 어려운 어린아이에게는 부모가 다양한 책을 읽어줌으로써 세상을 현명하게 살아가는 지혜를 길러줄 수 있다.

값을 치르고 그것을 취하라.

노력한 만큼 얻는다

세상에 공짜는 없다. 공짜라고 생각한 것에는 종종 커다란 대가가 기다린다. 항상 응당한 대가를 치르고 원하는 것을 갖도록 아이를 교육해야 한다. 쉽게 얻어진 것은 쉽게 잃기 마련이다. 자연의 이치는 시작한 대로 끝난다. 충분한 노력을 통해 어렵게 얻은 것은 그만큼 견고하고 오래간다. 과거 동양과 서양의 역사를 통해서도 이것은 변하지 않는 법칙이다. 정당한 대의명분으로 시작하고 바른 통치 이념을 가진 왕조는 오래 지속되었지만, 그렇지 못한 왕조는 그 시작과 같은 방식으로 몰락했다.

　이 같은 철학은 학습 활동에도 적용된다. 성실한 노력을 통해 습득한 지식만이 그 효과가 지속적이고 창조적이다. 일시적인 노력으로 쌓은 지식은 모래성과 같다. 아이의 학습 능력은 계단식으로 발달한다. 따분하고 지루한 노력과 인내가 모여 어느 순간 한 단계 높은 영역에 이른다. 계단을 밟아가는 학습은 인간의 한계를 깨고 어느 순간 천재의 영역으로 안내한다. 그러나 머리만 믿고 노력하지 않는다면 지적 능력의 한계를 깰 수 없다. 선행학습 위주로 공부하기보다는 기초를 튼튼히 하고 교과목의 원리를 충분히 이해하는 아이가 진정한 인재가 될 수 있다.

장인의 능력은 모든 사람이 그의 의견을
20년 후에도 따르게 만드는 것으로 평가된다.

⦂ 20년 노력을 위한 적성과 능력을 찾아라

각 분야의 장인은 한순간에 이루어지지 않는다. 경험과 지식이 수많은 시간 축적되어야만 비로소 한 분야의 장인이 탄생된다. 성실한 사람은 한 분야에서 10년 정도 일하면 어느 정도 전문가가 될 수 있다. 그리고 여기에 만족하지 않고 보다 전문적인 지식과 경험을 쌓으면서 10년 더 진심을 다해 노력하면 그 분야의 대가가 될 수 있다. 대가가 되면 사람들이 그의 의견을 참고하지 않을 수 없다. 그러나 적어도 한 분야에서 20년 정도 종사하려면 적성과 능력이 맞아야 한다. 적성과 능력이 맞지 않으면 아무리 노력해도 대가가 되기 힘들다.

아이의 진로를 선택할 때 좀 더 먼 미래를 보고 생각하는 것이 좋다. 현대 사회는 변화가 빠르다. 단순히 지금 인기 있는 분야를 찾는 것은 근시안적인 선택이다. 아이의 적성과 능력을 시대의 변화와 함께 고려하라. 부모와 아이가 함께 고민하고 진로를 선택한 후, 아이가 꾸준하고 성실하게 노력한다면 그것이 바로 성공이다.

모든 것은 선과 악의 양면이 있다.

선과 악을 함께 가르쳐라

선과 악은 상대적이다. 그리고 좋고 나쁨은 관념적이다. 자신에게 좋고 자신에게 나쁠 뿐이다. 아이들은 각기 다른 성향과 체질을 갖고 있기 때문에, 어떤 아이에게 좋은 것이 다른 아이에게는 나쁜 것이 될 수 있다. 물론 여기서 인류애와 같은 보편적인 선을 말하는 것은 아니다. 그러나 보편적 선이라 할지라도 그것을 받아들이는 것은 개인의 의식이다. 따라서 그것 또한 관념적일 수밖에 없다.

아이에게 선과 악을 동시에 가르쳐라. 선을 널리 증진하고 악을 경계하도록 함께 교육하라. 아이가 선과 악에 대해 균형감을 갖도록 하라. 무엇보다 융통적인 세계관이 중요하다. 많은 경우 선악은 상황에 따라 결정된다. 이것은 운전에 비유될 수 있다. 정상적인 상황에서는 교통 법규에 따라 운전하는 것이 가장 안전하다. 그러나 교통 상황이 급변하거나 위급한 상황에서는 교통 법규를 위반하는 것이 오히려 안전할 때도 있다. 아이에게 원칙을 가르치되 상황의 논리를 기르도록 하자.

두려움은 언제나 무지에서 비롯된다.

⋮ 지혜는 두려움을 없앤다

우리는 앞날을 알 수 없다. 이것은 어둠이나 안개 속을 헤매는 것과 같다. 그 어둠과 안개는 무지에서 형성된다. 의식 수준에 따라 각자 어둠과 안개의 짙고 옅음의 차이가 있을 뿐이다. 세상을 밝게 볼 수 없기 때문에 우리는 두려워한다. 교육의 핵심은 바로 이 무지의 어둠을 밝히고 안개를 걷어내어 밝은 지혜를 함양하는 데 있다. 진리를 볼 수 있는 지혜의 눈이 아이의 두려움을 없애고 자유롭게 할 것이다.

인간의 어휘 습득률은 유아기에 가파르게 상승하다가, 10세를 정점으로 서서히 하락한다. 이것은 아이의 정신 능력을 보여주는 것과 같다. 보통 아이는 10세 이후에 세상에 대한 호기심이 줄어들고 인생을 살아가는 지혜가 정체된다. 아이가 세상에 대한 호기심을 꾸준히 유지하도록, 삶에 대한 관심과 집중력을 잃지 않도록 자극해야 한다. 그래야만 지혜의 발달이 정체되지 않는다.

자연은 다정다감하지 않다.
자연은 우리에게 애정을 퍼붓거나 애지중지 보살피지 않는다.

⋮ 삶의 이중성

자연은 아름답다. 하지만 자연은 동시에 무섭다. 자연은 야성이
살아 있는 곳이다. 아이에게 자연을 학습시킬 때 자연의 양면을 동
시에 가르쳐야 한다. 안전 사고의 대부분은 자연을 너무 순진한 것
으로 가르치는 것에서 비롯된다. 자연 학습을 나갈 때는 먼저 아이
에게 자연의 이중성을 잘 인지시켜야 한다. 그래야만 자연재해에
충분히 대비할 수 있다.

인생도 이와 같다. 인생이 아름다운 것만은 아니다. 오히려 괴로

운 현실이 더 많다. 선과 악이 공존하기 때문에 삶의 어두운 이면
을 외면하게 해서는 안 된다. 삶의 어두운 면도 직시할 수 있게 가
르쳐라. 아이를 순진하게 기르는 것이 능사가 아니다.

자연과 삶의 이중성은 아이를 강하게 키우는 밑거름이기도 하
다. 사랑과 미움, 용서와 벌, 평화와 전쟁 등 세상의 밝음과 어둠은
인간이 존재하는 동안에는 없어지지 않는 이중적인 양면이다. 이
러한 양면 사이에서 조화와 균형을 유지하는 삶의 기술에 인생의
성패가 달려 있다.

95

"모든 경전은 그것이 만들어졌을 때와 똑같은 정신으로 해석되어야 한다."[6) 이것이 비평의 기본 법칙이다.

교육은 평가의 수단이 아니다

교육의 기본은 교재다. 그러나 우리의 교육 현실에서는, 교재가 사라지고 그 자리에 참고서가 자리하고 있다. 아이를 바르게 키우기 위해서는 시대를 초월하여 이른바 '고전'이라고 부를 수 있는 교재가 중심에 있어야 한다. 고전 속에는 동서고금의 위대한 정신과 상상력이 살아 있다. 인류의 위대한 정신 유산을 현대의 흐름에 맞게 융합하기 위해서는 고전의 정신이 필요하다.

시중에는 참고서가 지나치게 많다. 왜냐하면 교육을 평가의 목적으로 사용하고 있기 때문이다. 그러나 아이를 섣부르게 평가하는 것은 위험천만한 일이다. 또한 아이들에게 잘못된 편견을 심어주기 쉽다. 대부분의 평가는 성적의 순위를 정하기 위한 것으로, 핵심에서 벗어나 지엽적인 것으로 흐르고 있다. 아이들에게 고전의 정신과 지혜를 물려줘라. 그 정신과 지혜가 세상의 잘못된 편견을 비판하고 바로잡는 기준이 될 것이다.

---

6) 이 말은 에머슨이 퀘이커교의 창시자인 조지 폭스(George Fox)의 말을 인용한 것이다.

96

새로운 책이나 사건에 관해
아무리 현명한 사람이 밝힌 의견이라 할지라도
어느 정도 삭감해서 받아들여야 한다.

A deduction must be made from the opinion,
which even the wise express of a new book or occurrence.

⦂ 아이는 전체이고 교육은 특수한 것이다

아이들의 교육에 관한 책은 많다. 책마다 전하고자 하는 철학과
방법이 다르다. 저자 간에 서로 모순된 견해도 있다. 내용은 좋으
나 시대에 맞지 않는 것도 있다. 아무리 좋은 교육 이론이나 방법
도 내 아이에게 맞지 않으면 소용없다. 아이들의 소질과 능력이 각
자 다르기 때문에, 아무리 좋은 교육 이론도 전적으로 받아들이는
것은 위험할 수 있다. 반대로 좋지 않은 이론에도 취할 만한 것이
있을 수 있다.

에머슨이 밝혔듯이, 아이들은 '전체로 태어났고 그 이야기는 특수한 것이기 때문'이다. 교육의 중심에는 아이가 있어야 한다. 또 다른 중심은 부모와 교사다. 문제는 부모나 교사가 아이들이 될 수는 없다는 것이다. 따라서 교육은 서로 다른 중심이 어떻게 균형을 맞춰가느냐에 성패가 달려 있다. 특수한 것과 전체가 어우러지기 위해서는 관용의 지혜와 기다림이 필요하다.

인간은 자신이 한 말로 평가된다.

A man cannot speak but he judges himself.

⋮ 언어는 사람을 만든다

우리의 생각은 말로 표현된다. 생각은 말을 통해 가능된다. 결국 말이 자신을 평가하는 단초다. 아이의 언어 교육은 그래서 중요하다. 아이의 지적 수준은 말을 통해 드러난다. 아이의 친구 관계 또한 말을 통해 가늠할 수 있다.

말은 사람을 만들어간다. 감정이 격해지면 말도 바로 격해진다. 말이 격해지면 감정은 더욱 격해진다. 말은 그 사람의 상태를 바로 보여준다. 바른 언어를 구사하면 바른 친구가 모이며, 언어가 바르지 못하면 비뚤어진 친구가 주변에 모인다. 결국 말이 그 사람의 인간관계를 형성한다. 아이는 친구 관계로부터 영향을 가장 많이 받는다. 아이의 언어 변화는 친구 관계의 변화와 관계가 깊다. 그런 의미에서 좋은 학교 환경을 만드는 것은 아이의 언어 생활에 긍정적인 역할을 한다. 부모는 아이의 평소 언어 습관을 주의 깊게 살펴야 한다. 특히 아이의 감정 변화가 언어에 어떻게 반영되는지 수시로 확인해야 한다. 말은 바로 아이의 본모습이기 때문이다.

98

새로운 관계는 새로운 말이다.

Every new relation is a new word.

⠿ 관계는 말로 표현된다

아이는 성장하면서 다른 어휘를 쓴다. 감정이나 생각이 새로운 관계에 따라 달라지기 때문이다. 아이는 끊임없이 세상과 새로운 관계를 맺어나가며 산다. 의식이 성장하면서 기존의 본능적인 관계가 깨지고 새로운 이성적인 관계가 형성된다.

아이의 언어 학습에서, 주관적인 생각과 객관적인 대상을 관계 짓는 훈련이 중요하다. 새로운 표현을 통해 아이들은 새로운 세상과 소통하는 법을 배운다. 새로운 관계는 새로운 말이 되고, 새로운 말은 다시 새로운 관계가 된다. 관계와 말이 상호 작용하면서 사고 능력이 발달한다. 이 관계 맺기는 지혜를 개발하는 데 매우 효과적이다. 아이는 여러 가지 활동을 통해 관계 맺는 방법과 지혜를 배운다. 새로운 말이 늘수록 아이의 지혜가 느는 셈이다.

좋은 비판은 매우 드물지만 언제나 소중하다.

Good criticism is very rare and always precious.

좋은 비판은 채찍에 달린 당근이다

좋은 비판은 사람을 성숙시킨다. 나쁜 비판은 사람을 해친다. 좋은 비판과 나쁜 비판의 차이는 진실성에 달려 있다. 나쁜 비판은 상대방을 비방하려는 목적을 갖고 있기에, 개인의 인간성에 상처를 준다. 어떤 의미에서 그것은 사악하다. 반면 좋은 비판은 상대를 진실한 삶의 방향으로 이끌기 위한 영혼의 외침이다. 그것은 우리의 삶을 부패하지 않게 하는 빛과 소금과 같다.

아이가 바르게 크기 위해서는 채찍과 당근이 동시에 필요한데,

좋은 비판은 두 가지 역할을 모두 한다. 예전에 대가족 시대에서는 아이들이 웃어른들로부터 좋은 비판과 격려의 말씀을 많이 들을 수 있었다. 그러나 요즘 같은 핵가족 시대에서는 좋은 비판은 정말로 귀하고 소중하다. 아이들의 잘못을 바로잡기 위해서는 감정적인 힐난보다는 합리적인 깨우침을 주고 보듬어줄 필요가 있다. 아이의 바른 성장을 위해, 태양처럼 거칠고 뜨거운 아버지의 사랑과 달처럼 부드럽고 편안한 어머니의 사랑이 동시에 필요하다.

인간은 자신의 의식이라는
감옥에 갇힌 존재다.

[The] man is, as it were, clapped into jail by his consciousness.

⫶ 의식의 감옥에서 탈출하게 하라

모든 의식에는 한계가 있다. 마찬가지로 어떠한 표현도 그 표현의 한계로 삶의 진실을 전부 드러낼 수 없다. 그러나 인간의 지혜가 개발되면 그만큼 삶의 진실을 더 보고 표현할 수 있다. 비록 의식의 감옥에서 영원히 탈출할 수는 없더라도 포기해서는 안 된다. 이러한 운명에 대해 에머슨은 인간을 '영광의 불가능태'라고 표현했다. 조화와 균형의 중도적 진리를 추구하는 인간의 끝없는 노력은 신적 존재의 영광을 구현하려는 것이지만, 그것은 얽매인 인식을 버리지 않는 한 처음부터 불가능하기 때문이다.

그러나 매 순간 자유로운 의식으로 그 순간의 진실을 추구한다면 불가능한 것만은 아니다. 조화와 균형은 상황의 진실이다. 또한 균형은 관계의 미학이다. 관계가 변하면 균형의 방식도 달라진다. 균형을 찾아가는 지혜는 결국 매 순간을 진리에 따라서 살고자 하는 진실한 마음에서 나온다. 결국 진리가 인간을 자유롭게 한다.

부록

부모에게 바치는 에머슨의 시

딸기 따기

'어쩌면 맞을지 몰라.
세상이 사기와 폭력으로 모진,
아우성치는 황야라는 것이'
목초지를 걸으며,
강변을 따라 걸으며 말했지.
검은딸기 덩굴에 둘러싸여,
달콤한 검은딸기를 먹으면서,
즐거운 공상이 나를 사로잡았다.
나는 물었다. '무엇이 나에게 영향을 미쳐
그토록 아름다운 꿈에 인도되고, 선택되게 하지?'
딸기 덩굴은 대답한다. '그럼 그대는
먹은 딸기로부터 아무 지혜도 얻지 못하는가요?'

우화

산과 다람쥐는
싸움을 했다.
전자는 후자를 '작은 좀도둑'이라 불렀다.
다람쥐는 대답했다.
'넌 확실히 너무 커.
하지만 모든 종류의 것들과 날씨가
천체와
한 해를 이루기 위해선
함께 고려돼야만 하지.
그리고 내 위치를 차지하는 것이
어떤 치욕도 아니라고 난 생각해.
내가 너처럼 크지 않고,
네가 나처럼 작지도
반쯤도 민활하지 않다면.
난 부정하지 않아. 네가 만든
참 예쁜 다람쥐 길을.
재능은 달라. 모든 것은 좋고 현명하게 놓여 있지.
내가 등에 숲을 질 수 없다면,
너도 도토리를 깔 수 없어.'

눈보라

하늘의 온갖 나팔 소리로 예고된
눈이 도착하고, 그리고, 들판 위로 질주하며,
어디에도 내릴 것 같지 않다. 새하얀 대기는
언덕과 숲, 강, 그리고 하늘을 가리며,
정원 끝 농가에 장막을 씌운다.
썰매도 여행객도 끊어지고, 안내인의 발길도
지체되고, 모든 친구들도 갇힌 채, 집 안 사람들은 앉아 있다.
불타오르는 벽난로 주위에, 둘러싸인
사나운 폭풍의 은둔 속에.

와서 보라, 북풍의 석공술을.
보이지 않는 채석장에서 영원히
기와를 공급받아, 성난 예술가는
튀어나온 지붕으로 하얀 돌출부의 곡선을 이룬다.
모든 바람 불어오는 쪽 말뚝, 나무, 문마다 돌아가며.
속도를 내며, 무수한 손을 가진, 그의 거친 작업은
너무도 기발하고, 너무도 사나워서, 전혀 그는 개의치 않는다.
수나 비례에 대해. 우롱하듯이,
닭장이나 개집에 그는 파로스 산(産) 백색 대리석 화관을 걸고,
백조와 같은 형체를 감춰진 가시에 수여하고,
벽 사이 농부의 샛길을 가득 채운다.
농부의 한숨에도 불구하고, 그리고 입구에는
뾰쪽탑이 그 작품 위로 치솟아 있다.
그리고 그의 생애가 다 가고, 세상이
모두 그의 것일 때, 그렇지 않은 듯, 물러나고,
태양이 출현할 때, 남겨진 놀라운 예술은
느린 건조(建造) 속에 흉내 낸다. 돌 하나하나,
한 세기에 건설될, 광풍(狂風)의 한밤 작업을,
눈의 야단스러운 건축을.